Christine Bergmann
Mein Enkel, der Jakobsweg und ich

Für Volker, der uns den Weg begleitet hat

CHRISTINE BERGMANN

Mein Enkel,
der Jakobsweg
und ich

Ein Pilger-Tagebuch

KREUZ

Christine Bergmann, geboren 1939 in Dresden, promovierte Pharmazeutin, Bürgermeisterin von Berlin, von 1991 bis 1998 Berliner Senatorin und von 1998 bis 2002 Bundesministerin für Familie, Senioren, Frauen und Jugend im Kabinett Schröder. Nach ihrem Ausstieg aus der aktiven Politik machte sie sich vor allem als Unabhängige Beauftragte zur Aufarbeitung des sexuellen Kindesmissbrauchs im Auftrag der Bundesregierung verdient.

MIX
Papier aus verantwor-
tungsvollen Quellen
FSC® C083411
www.fsc.org

© Kreuz Verlag GmbH, Hamburg 2018
Alle Rechte vorbehalten
www.kreuz-verlag.de
Gesamtgestaltung: Thomas Puschmann · fruehbeetgrafik.de
Herstellung: Elbe Druckerei Wittenberg GmbH
Fotos: Seite 6: fotolia © McKay, Seite 14-15: fotolia © lesniewski,
Notizzettel: fotolia © picsfive, alle weiteren incl. Cover: privat
ISBN 978-3-946905-26-4

Inhalt

Ein lang gehegter Wunsch
Vorgeschichte 7

Ich packe meinen Koffer und nehme mit ...
Vorbereitung 10

Die Etappen unseres Pilgerweges
Stationen & Karte 14

(1) **Es beginnt mit Mundraub ...**
Großmutter und Enkel brechen auf 16

(2) **Wenn ich auf Reisen geh, tut mir der Zeh so weh ...**
Blasen, Schnarcher und andere Malaisen 41

(3) **Sektfrühstück zum Geburtstag**
Auf der Hochebene ein Blick zurück 55

(4) **Gesundheitssystem auf Spanisch**
Halbe Strecke in Trekkingsandalen und mit Kajalstift . . . 68

(5) **Blutwunder und Mystik der Berge**
Es wird eng auf dem Camino 89

(6) **Eine Umarmung für den Apostel**
Ankunft mit »heute-show« und Calimochos 116

(7) **»Haben Sie denn nichts Besseres zu tun?«**
Epilog 135

*Der Weg ist immer besser
als die schönste Herberge*

Miguel de Cervantes

Ein lang gehegter Wunsch

Vorgeschichte

Es war ein lang gehegter Wunsch, den ich mir 2016 erfüllte: einmal den Jakobsweg gehen. Es hat mich nicht mehr losgelassen, seitdem ich 2001 anlässlich eines Treffens der EU-Frauenministerinnen in Santiago de Compostela diesen Ort erlebte und mich mit dem Jakobsweg befasste. Mich beeindruckte dieser Ort, der Platz, auf dem die Pilger nach ihrem langen Weg ankamen und vor der Kathedrale standen, in der die Reliquien des Apostels Jakobus noch heute aufbewahrt werden. Sie waren angekommen und ich stellte mir vor, wie sie eine Weile innehielten, erschöpft von den Strapazen des Weges, überwältigt vom Anblick der Kathedrale, bevor sie durch den Portico de la Gloria traten, um die Pilgermesse zu feiern.

Vom Mittelalter bis zur Jetzt-Zeit sind hier die Pilger eingezogen, auf unterschiedlichen Wegen gekommen. Was hat sie bewegt? Was hat dieser Weg mit ihnen gemacht?

Ich konnte mir vorstellen, diesen Weg zu gehen. Nach Ende der Legislaturperiode aus der Politik auszuscheiden, hatte ich mir vorgenommen; und mit dem nötigen Abstand herauszubekommen, was diese Zeit mit mir gemacht hat, die Erfolge und die Niederlagen.

Ich machte mich auf die Suche nach einem Pilgerbruder oder einer Pilgerschwester unter Freunden und Verwandten. Wer hatte genügend Zeit? Fünf Wochen sollten schon zur Verfügung stehen. Und wer hatte den nötigen sportlichen Ehrgeiz, konnte sich auch mal quälen? Meine Suche blieb erfolglos. 800 Kilometer zu laufen, mit Rucksack, das schreckt ab. Ich wollte den Weg nicht in Jahresetappen gehen, sondern in einem Ritt, also in einer langen Tour.

Eine koreanische Krankenschwester, die ich auf einer Veranstaltung der Friedrich-Ebert-Stiftung in Seoul kennenlernte, machte mir Mut, allein zu gehen. Sie hatte damit gute Erfahrungen gesammelt, als sie einige Jahre zuvor den Jakobsweg gegangen war. Warum eigentlich nicht? Ich sollte später auf dem Pilgerweg immer an sie denken, wenn ich Alleingehende traf, darunter auch Koreanerinnen und Koreaner.

Zunächst musste jedoch die Realisierung aufgeschoben werden. Mein Mann war an Parkinson erkrankt – und diese fortschreitende, tückische Krankheit bestimmte die nächsten Jahre unser Leben.

Umso stärker tauchte der Wunsch wieder auf, als ich Ende 2015 nach dem Tod meines Mannes allein war und mich auf eine neue Lebensetappe einstellen musste. Ich war an einem Punkt angelangt, wo ich für mich klären musste: Wo stehe ich jetzt? Was will ich noch und was sicher nicht mehr?

Es gab viel in meinem Inneren, was darauf wartete, nach oben gelassen zu werden. Der Tod meines Mannes, die lange Pflegezeit, die viel Kraft gekostet hat, aber auch eine gute Zeit war. Der Verlust des vertrauten Menschen, den ich täglich schmerzlicher spürte.

Der lange Pilgerweg war jetzt genau richtig. Ich konnte mir eine ausgiebige Auszeit nehmen. Also begann ich mit der Vorbereitung. Las mit Begeisterung Pilgerführer und stellte fest, dass sich in den vergangenen Jahren offensichtlich viel getan hatte, um den Jakobsweg gut gehen zu können. Die Pilgerbewegung hat auch dank Hape Kerkelings Band »Ich bin dann mal weg« viel Zustrom erfahren. Die Bedingungen für die Pilgernden haben sich verbessert, verlorengehen konnte man offensichtlich nicht.

Und inzwischen fand sich doch noch ein Pilgerbruder, oder besser: Pilgerenkel. Julius, der sich nach dem Abitur eine Auszeit genommen, einige Monate in Israel in einem Kibbuz gearbeitet hatte, bekam Lust, sich auf den Pilgerweg einzulassen. Das war eine besondere Freude! Ich konnte es mir mit ihm gut vorstellen. Julius hat mir bei der Pflege meines Mannes wunderbar beigestanden. Er hat seinem Großvater vorgelesen, ihn versorgt und mit seiner unkomplizierten, fröhlichen Art keine schlechte Stimmung aufkommen lassen.

Wir waren beide gespannt: Wie wird das gehen mit uns beiden? Wir klärten, dass jeder auch seinen eigenen Weg gehen würde. Es ist in Ordnung, sich zwischendurch zu trennen und Etappen allein zu gehen. Es ist auch in Ordnung, allein weiterzugehen, wenn der Partner – oder wahrscheinlicher – die Partnerin aus irgendeinem Grund aussteigen müsste. Und wir beschlossen, einen Ostsee-Stein aus der Umrandung vom Grab meines Mannes mitzunehmen und später am Jakobsweg, am Cruz de Ferro niederzulegen.

Ich packe meinen Koffer
und nehme mit ...

Vorbereitung

Viele Abende habe ich über den unterschiedlichen Pilgerführern gebrütet, mir die Einteilung der Strecke überlegt und mir vorgestellt, was uns unterwegs erwartet.

Meine Leidenschaft für Bergführer und Wanderkarten ist in meiner Familie gefürchtet. Mit Wonne plane ich Touren. Die Vorfreude führt gelegentlich dazu, dass die Wanderrouten etwas lang geraten und die Begeisterung der Truppe erlahmt. Ich bin mir sicher, dass mir das mit Julius nicht passieren kann. Eher frage ich mich, ob meine Kondition ausreichen wird, schließlich bin ich zwei Generationen älter und habe in den letzten Jahren keine großen Wanderungen unternehmen können. Ein paar lange Touren an der Ostsee müssen als Vorbereitung reichen – und außerdem setze ich auf meine Motivation.

Ich muss an die Hüttentouren mit meinem Mann denken, die wir in den 8oer Jahren unternommen haben. Freunde hatten uns ein Quartier in den Rhodopen vermittelt, und wir wollten im Rila- und im Pirin-Gebirge von Hütte zu Hütte wandern.

Kein Gedanke, eine Wanderkarte oder gar einen Bergführer zu erhalten, weder in der DDR noch in Bulgarien. Schließlich wollten wir uns ja in einem grenznahen Gebiet bewegen, das war sowieso schon verdächtig. Also habe ich mich auf die Informationen einer erfahrenen Kollegin verlassen. So konnten wir die Touren einigermaßen planen und wussten auch, dass es in den Hütten keinerlei Verpflegung gibt für Einzelwanderer, bestenfalls wurden Gruppen versorgt. Also Trockenfutter in den Rucksack, in diesem Fall »West-Müsli« und einen Topf samt Tauchsieder. Strom gab es wenigstens in den Hütten. Wenn die Gelegenheit günstig war, haben wir uns ein paar Scheiben Brot vom Tisch der privilegierten Gruppen geklaut. Natürlich gab es nur Massenschlafsäle, die ebenso wie die sanitären Anlagen keinen Hygienetest bestanden hätten. War alles egal. Wenn wir am Morgen in dieser wunderschönen Landschaft loswanderten, war alles vergessen.

Daran denke ich – und fühle mich für den Jakobsweg mental auf alles vorbereitet. Die Reaktionen meiner Mitmenschen habe ich über mich ergehen lassen. Ich will fünf Wochen unterwegs sein, da kann ich nicht einfach wortlos verschwinden.

Meine Kinder und Enkel finden das Vorhaben spannend. Außerdem ist ja Julius mit von der Partie, das ist beruhigend. Bei einigen Freunden ernte ich Skepsis und sanfte Hinweise auf mein Alter angesichts der bevorstehenden Strapazen. Das finde ich ziemlich unfreundlich. Andere hingegen können verstehen, dass ich diese Auszeit brauche und trauen es mir zu.

Und es gab auch die verwunderte Frage, ob ich denn jetzt katholisch werden wolle. Das will ich natürlich nicht! Der Jakobsweg ist doch für alle da.

Die Pilgerführer machen es leicht, die Ausrüstung zusammenzustellen, sie helfen, aus der unübersehbaren Outdoor-Industrie das Richtige und Nötige auszuwählen.

Beim Rucksackpacken gilt nur eins: so wenig wie möglich! Jedes Gramm muss über 800 Kilometer getragen werden. Alle Kleidungsstücke werden danach ausgewählt, wie pflegeleicht sie sind, schließlich müssen sie schnell trocknen nach der abendlichen Wäsche.

Ich packe meinen Rucksack und nehme mit ...?

Ein neuer Rucksack muss her! Ich entscheide mich für einen 40-Liter-Rucksack mit einem Gewicht von immerhin 1500 Gramm.

Ein leichter Schlafsack muss sein, den braucht man in jeder Herberge.

Eingelaufene Wanderschuhe habe ich, die schon in den Dolomiten auf langen Touren erprobt sind. Blasen dürften keine Chancen haben, denke ich mir.

Trekkingsandalen für die Nachwander-Zeit in den Herbergsorten sind notwendig,

Badeschlappen unumgänglich für die Herbergen.

Zwei Paar teure Spezial-Wandersocken gönne ich mir, die meine Füße vor Blasen schützen sollen.

Zwei T-Shirts und eine Bluse müssen reichen.

Natürlich gehören auch eine Wanderjacke und ein Fleece-Pulli für kühle Tage in den Rucksack.

Nicht zu vergessen ein Regencape, das über den Rucksack passt. Das habe ich noch aus früheren Wandertagen.

Die einzige Kosmetik besteht aus einer Tube Nivea-Creme, einer kleinen Tube Shampoo und Sonnenschutzmittel. Meine

Füße bekommen eine Sonderbehandlung mit einer Hirsch-talg-Creme, ganz nach Empfehlung der Experten. Soll auch die Blasenbildung verhindern. Mehr kann ich für die Fußpflege nicht tun.

Schweren Herzens findet außer dem Pilgerführer kein weiteres Buch im Rucksack Platz – und auch der große Dumont-Kunstführer muss zu Hause bleiben. Papier wiegt zu viel.

Dafür leiste ich mir einen kleinen MP3-Player, auf den ich meine Lieblingsstücke spiele, um abends doch ein bisschen Musik hören zu können, zur Entspannung.

Julius hat für Stirnlampen und Fahrtenmesser gesorgt.

Der Rucksack wiegt zehn Kilo! Ohne Verpflegung!

Einen Pilgerausweis, den *Credencial del Peregrino*, habe ich für uns beim Freundeskreis der Jakobspilger Paderborn besorgt.

Mein Fotoapparat darf nicht fehlen.

Und dann ist da noch die Sache mit dem Handy.

Ich habe nur eine einzige Pilgerfreundin getroffen, die tatsächlich ohne Handy, also ohne Kontakt zur Familie, wochenlang unterwegs war, obwohl in dieser Zeit die Geburt eines Enkels anstand.

Das ist nicht mein Ding, ich will schon ab und an eine Nachricht nach Hause senden, wie es uns geht. Außerdem muss ich mich unterwegs mit Julius verständigen, um zu verabreden, wo wir wieder aufeinandertreffen, wenn wir uns getrennt haben.

Die modernen Pilger, werde ich feststellen, haben fast alle ein Handy dabei. Und abends in der Pilgerherberge beginnt das Suchen nach einer freien Steckdose, als ginge es ums nackte Überleben. Das ist schon irgendwie komisch.

🐚 *Camino de Santiago* | *Die Etappen unseres Pilgerweges:*

23. August

Berlin – Saint-Jean-Pied-de-Port

24. August

Saint-Jean-Pied-de-Port – Roncesvalles

25. August

Roncesvalles – Zubiri

26. August

Zubiri – Pamplona

27. August

Pamplona – Puente la Reina

28. August

Puente la Reina – Estella

29. August

Estella – Los Arcos

30. August

Los Arcos – Logroño

31. August

Logroño – Nájera

1. September

Nájera – Santo Domingo de la Calzada

2. September

Santo Domingo de la Calzada – Belorado

3. September

Belorado – San Juan de Ortega

4. September

San Juan de Ortega – Burgos

5. September

Burgos – Hornillos del Camino

6. September

Hornillos del Camino – Castrojeriz

7. September

Castrojeriz – Frómista

8. September

Frómista – Carrión de los Condes

9. September

Carrión de los Condes – Terradillos de los Templarios

10. September

Terradillos de los
Templarios –
Sahagún, León (Zug)

11./12. September

León

13. September

León – Hospital
de Órbigo

14. September

Hospital de Órbigo –
Astorga

15. September

Astorga – Rabanal
del Camino

16. September

Rabanal del Camino –
Molinaseca

17. September

Molinaseca –
Villafranca del Bierzo

18. September

Villafranca del
Bierzo – La Faba

19. September

La Faba – Triacastela

20. September

Triacastela – Sarria

21. September

Sarria – Portomarín

22. September

Portomarín – Melide

23. September

Melide – Salceda

24. September

Salceda – Santiago
de Compostela

25. September

Santiago
de Compostela

26. September

Santiago
de Compostela

27. September

Fisterra & Muxia

28. September

Santiago
de Compostela

29. September

Rückflug

1

Es beginnt mit Mundraub ...

Großmutter und Enkel brechen auf

23. August   1573 km ✈

Berlin – Saint-Jean-Pied-de-Port

Heute geht es los! Meine Tochter Corinna bringt ihren Sohn
Julius und mich zum Flieger nach Paris. Ich liebe Paris. Vom
Flughafen Orly geht es zum Bahnhof Montparnasse, wo wir
Zeit für ein ausgiebiges Frühstück haben, bevor Julius und ich
in den TGV nach Bayonne steigen. Von dort soll es weitergehen nach Saint-Jean-Pied-de-Port. Das ist die günstigste Verbindung, die ich gefunden habe. So müssen wir nicht nachts
auf einem Flughafen herumsitzen.

Kurz nach Paris gibt es einen Halt von etwa 45 Minuten.
Das gibt es also nicht nur bei der Deutschen Bahn. Jedenfalls
ist die spannende Frage, ob wir unseren Anschlusszug in Bayonne – er ist der letzte, der an diesem Abend fährt – noch
schaffen. Der Regionalzug wartet, und wir können entspannt
die Fahrt ins Pyrenäenvorland bei herrlichem Wetter genießen.

Nach der Ankunft marschieren wir sofort ins Pilgerbüro, um uns registrieren zu lassen und den ersten Stempel in den Pilgerausweis zu erhalten. Und die Pilgermuscheln müssen gekauft werden: eine für den Rucksack und eine soll mit uns den Weg gehen, um später auf dem Grab meines Mannes ihren Platz zu finden.

Ein Mitarbeiter empfiehlt uns freundlich, erst einmal zu entschleunigen. Das fällt uns noch schwer, zu groß ist die Spannung auf das Unbekannte.

Einen Bummel durch den wunderschönen baskischen Ort beschließen wir mit unserem ersten und wahrscheinlich besten Pilgermenü für lange Zeit. Dazu einen regionalen Roséwein.

Es kann losgehen mit dem Laufen!

Vor dem Start –
Saint-Jean-Pied-
de-Port

24. August

Saint-Jean-Pied-de-Port – Roncesvalles

Und es geht richtig los, 26 Kilometer erwarten uns und ein Anstieg von 1.250 Höhenmetern. Von »Einlaufen« kann da wohl keine Rede sein. Im Dämmern geht es los, der Tag soll heiß werden. Frühstück ist in unserem Hostel um diese frühe Zeit noch nicht zu erhalten. Als wir im Morgengrauen unsere Rucksäcke schultern – ich mit Ächzen und Stöhnen! – und die ruhigen verlassenen Straßen betreten, entdeckt Julius einen Korb mit Baguettes, der vor dem Eingang eines Restaurants steht. Der Verfall der guten Sitten beginnt schneller als gedacht. Julius bedient sich – Mundraub.

Die Landschaft liegt fast schon magisch im Nebel. Die Sichtweite beträgt nur wenige Meter. Wie Geister tauchen die anderen Pilger plötzlich vor uns auf. Ganz gut, so haben wir den langen Anstieg nicht vor Augen. Aus voller Kehle schmet-

Jetzt geht es los!

Die Geschichte des Pilgerweges nach Santiago de Compostela begann, als Anfang des 9. Jahrhunderts das vermeintliche Grab des Apostels Jakobus im äußersten Nordwestens Spaniens gefunden wurde. Der Leichnam des Jakobus, der im Jahr 44 in Jerusalem enthauptet wurde, ist der Legende nach von seinen Jüngern in ein Boot gelegt worden, das nach sieben Tagen in Galicien angetrieben wurde. Der Apostel wurde im Landesinneren beerdigt. Um 824 erschien dem Eremiten Pelayo ein Sternenlicht und wies ihm den Weg zum Grab auf einem Hügel. Der Bischof Theodomira erkannte in den gefundenen Gebeinen die des Apostels und ließ an dieser Stelle eine Kirche als Andachtsstätte errichten. Bereits um 900 wurde eine größere Kirche notwendig, um dem Pilgerstrom gerecht werden zu können.

Das Gefühl, alles zurückzulassen, was beschwert.

tere ich: »Wir wandern ohne Sorgen, singend in den Morgen.« Julius blickt mürrisch zu mir, doch nach einer Weile vernehme ich ein Grummeln, das eine Ähnlichkeit mit dem Lied aufweist. Wer die frühen Morgenstunden auf einer Bergwanderung kennt, kann das Glücksgefühl nachempfinden: die Leichtigkeit trotz der schweren Rucksäcke. Es ist das Gefühl, alles zurückzulassen, was beschwert.

Wir sprechen lange darüber, was die Pilgertour mit uns machen wird. Julius nimmt es eher sportlich. Ich will versuchen, mir klar zu werden, wie die »Restphase« meines Lebens aussehen kann.

Schritt für Schritt kämpfen wir uns durch die Nebelsuppe, die uns die Sicht nimmt. Julius lästert und meint, ihm fiele der sozialistische Spruch »Vorwärts immer, rückwärts nimmer« ein. Über unserem Gespräch merken wir nicht, dass wir aus der Nebelwand herausgekommen sind. Wir drehen uns um und blicken auf eine weiße Decke, aus der nur vereinzelte Bergspitzen herausragen.

Als ich mich zu Julius umdrehe, steht er staunend da, tief in den Anblick versunken. Ich schweige. Wir bleiben noch einige Zeit stumm an diesem Flecken.

Es geht höher und höher, wird heißer und heißer – und der Rucksack immer schwerer. Halt, der Kopf muss geschützt werden. Julius hat einen eleganten Strohhut dabei, ich einen praktischen, aber ziemlich scheußlichen Wanderhut – egal.

An einer kleinen Raststätte, eigentlich nur ein Kiosk-Wagen, werfen wir unsere Rucksäcke ins Gras, lassen uns auf die Bänke fallen und vernichten die Beweise unseres morgendlichen Mundraubs. Auch eine Cola-Dose landet in meiner Hand. Trinke ich nie. Aber nach der Anstrengung und als ich die Kälte der Dose fühle, versuche ich es. Sehr kalt und extrem erfrischend.

In den nächsten Wochen werde ich täglich eine Büchse im Rucksack lagern oder unterwegs kaufen und damit meinen Kalorienbedarf decken.

Mal sehen, was die Füße machen. Na bitte, es gibt schon rote Stellen – sofort sieht das auch meine Banknachbarin. Sie inspiziert meine Füße und rät zum Abtapen der roten Stellen. Ob es hilft? Sie hat mich ruckzuck als Pilgeranfängerin identifiziert und überschüttet mich mit Tipps. Elle kommt auch aus

Berlin, ist ungefähr in meinem Alter und pilgererfahren. Gemeinsam setzen wir unseren Weg fort. Sie erzählt, dass sie diese Strecke des Jakobsweges, der für die Pilger einfach der *Camino* ist, über den Pyrenäen-Pass vor Jahren im April bei Schnee und Sturm gelaufen ist.

Na danke, mir reicht es heute schon bei sommerlichem Wetter. Sie ist in Le Puy-en-Velay gestartet – das sind immerhin 700 Kilometer bis Saint-Jean-Pied-de-Port. Bis Pamplona will sie laufen und dann zurück nach Berlin. Sie ist begeistert von den französischen Pilgerherbergen. Elle kann interessant und viel erzählen. Julius hat offensichtlich genug davon – er setzt sich an die Spitze und ist kurze Zeit später unseren Blicken entschwunden.

Elle hat schon Touren in Nepal bei härteren Bedingungen, als wir sie heute haben, bewältigt. Ich bin ihr dankbar. Sie lenkt mit ihren spannenden Erzählungen von meinen schmerzenden Hüftgelenken ab, die heftig gegen den schweren Rucksack protestieren. Auch die Kondition lässt zu wünschen übrig. Aber meine Motivation ist stärker. Und so schwatzen wir uns über den Pass, über Steine hinweg und vorbei an blökenden Schafen.

Nächste Rast: Rolandsbrunnen. Dort finden wir neben frischem Wasser auch Julius, der jetzt anscheinend mit einer jungen Italienerin weiterläuft. Kurzes Wiedersehen. Wir kommen, sie gehen – aber vorher wechselt noch eine Cola-Dose den Besitzer. Das Brunnenwasser kann man unbedenklich trinken. Unterwegs auf dem ganzen *Camino* gibt es viele Brunnen mit frischem, kühlem Wasser. So brauchen wir nicht auch noch viel Wasser mitschleppen. Das schont Rücken und Schultern.

Am Rolandsbrunnen erholen sich noch andere Pilger. Erfahrungen werden ausgetauscht. Die bereits Pilgergestählten sparen nicht mit guten Ratschlägen. Die Neulinge wie ich nehmen sie gern an. Ich merke mit Neid, dass andere leichtere Rucksäcke haben.

Karl-Heinz, ein Kölner, klärt mich auf, wie er Gewicht spart. Zum Beispiel gibt es nur ein Stück Seife im Gepäck, das muss reichen für Körper- und Haarwäsche und das Waschen der Wandersachen. Ja, jedes Gramm zählt auf der Schulterwaage.

Es sind doch eine Menge Pilger und Pilgerinnen auf dem Weg. Deutlich mehr, als ich erwartet habe. Die Vorstellung, mit sich allein zu sein, trifft vom äußeren Eindruck her nicht

Pilgernde aus vergangenen Jahrhunderten waren einigen Gefahren ausgesetzt. Viele Monate dauerte in der Regel die Reise, eine ausreichende Infrastruktur war nicht vorhanden. Bei Unterkunft und Versorgung waren die Pilger auf private Herbergen und kirchliche Hospitäler angewiesen, die entlang der Pilgerwege entstanden und diejenigen, die durch die Strapazen des Weges krank geworden waren, aufnahmen. Zu den Gefahren gehörten Raubüberfälle und man konnte auch in kriegerische Auseinandersetzungen geraten. Die Pilger waren nicht sicher, die Pilgerreise zu überleben und ordneten vor dem Aufbruch ihre weltlichen Dinge. Vor der Abreise musste jeder Pilger beichten – und bekam anschließend den Pilgersegen und einen Geleitbrief der Kirche, quasi einen Pilgerausweis, mit dem er Zugang zu den Hospitälern fand. Vor der Heimreise wurde dem Pilger des Jakobsweges die Jakobsmuschel als Zeichen und Beweis seiner erfolgreichen Pilgerfahrt überreicht, die er sich an seinen Hut oder die Pelerine heftete. Sie verlieh ihm Ansehen und Schutz auf der Rückreise.

Wir sind alle Pilgernde, alles andere ist unwichtig.

zu. Vielleicht liegt es auch daran, dass wir am Startpunkt des Weges sind: Saint-Jean-Pied-de-Port nehmen viele als Ausgangspunkt der Pilgerreise. Nicht alle wollen bis Santiago laufen. Manche teilen sich den Weg auf und gehen Stück für Stück über mehrere Jahre. Einige schaffen ihn auch nicht, und schon manche oder mancher hat nach der ersten Etappe abgebrochen.

Und wenn wir an die Pilger denken, die vor langer Zeit diesen Weg gegangen sind, dann wissen wir: Viele sind nicht zurückgekommen. Hospitäler am *Camino* sprechen eine deutliche Sprache.

Der Umgangston untereinander ist unkompliziert und humorvoll, fast wie in Jugendtagen, auch wenn die Haare inzwischen grau geworden sind. Es wird grundsätzlich geduzt. Hier finde ich es passend. Wir sind alle Pilgernde, alles andere ist unwichtig.

Diese Tour jedenfalls setzt allen zu. Es heißt »durchhalten«.

»Nun weiter denn, nur weiter, mein treuer Wanderstab«, singe ich das erste Mal vor mich hin, solange die Puste reicht.

(Wie oft werde ich wohl noch den Vers aus der »Winterreise« vor mich hin singen?) Wir sind auch noch lange nicht am Ziel ...

Mit Elle überquere ich die Grenze nach Spanien. Völlig unspektakulär, ein Schritt – und schon ist es passiert. Für mich, die ich so lange hinter einer undurchlässigen Mauer gelebt habe, ist noch immer jeder Grenzübergang mit einem Gefühl von Dankbarkeit und Freude verbunden.

Ab und zu taucht Julius auf, der auf mich gewartet hat. Mal sitzt er auf einem Baumstamm im Schatten, mal liegt er auf einer Wiese. Er hat verständlicherweise die bessere Kondition und die längeren und schnelleren Beine.

Mit dem Cisa-Pass ist der höchste Punkt erreicht. Jetzt folgt nur noch ein endlos langer Abstieg. Natürlich mit kleineren Zwischenanstiegen – im Gebirge geht es nie nur bergab.

Dass Abstiege nicht unbedingt der leichtere Teil einer Wanderung sind, hatte ich schon erfahren. Aber ein Abstieg mit einem zehn Kilogramm schweren Rucksack auf dem Rücken, der richtig gut schiebt, ist dann doch noch eine neue Erfahrung für mich. Meine nicht gerade schwächlichen Oberschenkel zittern noch vom Aufstieg, und ein kleiner Tropfen Angstschweiß läuft mir den Rücken hinunter. Jetzt nur nicht stürzen. Dann könnte der Traum schnell zu Ende sein. Auch Elle gesteht, dass ihr es reicht und sie langsam an ihre Grenzen kommt. Rechter Fuß, linker Fuß, Wanderstab, rechter Fuß ...

Endlich ist unser Ziel in Sicht: das Kloster Roncesvalles. Wir haben fast zwölf Stunden gebraucht. Aber angekommen! Schlimmer kann es nicht werden, sage ich mir. Habe ich das geschafft, geht der »Rest« bis Santiago auch.

Kurz vor der Herberge kommen wir an einem Tisch vorbei. An ihm sitzen zwei ältere Leute. Als sie uns sehen, springen sie auf, kommen freundlich auf uns zu und weisen mit einladenden Gesten auf das alte Klostergemäuer. Dann drücken sie uns noch ein kleines Heftchen in die Hand mit Pilger-Gebeten und dem Johannes-Evangelium.

Mit einem freundlichen *buen camino* werden wir auf den Weg geschickt. Dieser Gruß wird uns nun täglich auf unserem Weg begleiten: *buen camino* – guter Weg.

Roncesvalles ist die erste Pilgerherberge, die wir kennenlernen. Ob sie so ansprechend ist, wie Elle verspricht, oder so schrecklich, wie ich es bei Hape Kerkeling gelesen habe? Im Moment ist mir das völlig egal, Hauptsache ist, keinen Schritt weiter.

Drinnen hat sich schon eine Schlange von Pilgern gebildet, die auf ihre Registrierung warten, sozusagen das Check-in. Ich entdecke Julius weit vorn. Ich drängele mich vor. Mit leisem Murren lassen mich die anderen vor. Der Unmut legt sich, als sie unsere fröhlich-schweißige Umarmung sehen. Aha, die gehören zusammen – aber wie genau? Großmutter und Enkel! Das wird uns den ganzen Weg begleiten.

Elle führt uns in die Regularien ein, die in allen Herbergen ähnlich sind. Wanderschuhe bleiben in gesondertem Raum, Stöcke ebenfalls. Danach geht es zur Registrierung und Bettenzuweisung, zwölf Euro bezahlen wir. Zwei Restaurants sind vorhanden, Preis für Abendessen und Frühstück ist nochmals zwölf Euro, einschließlich Getränken.

Die Herberge in dem alten Kloster entpuppt sich als angenehm. Offensichtlich ist sie ziemlich neu. Es gibt drei große Schlafsäle mit je 60 Betten, die aber unterteilt in Zweierschlafkojen mit Trennwänden sind. Also bleibt ein Minimum an

Privatsphäre. Die sanitären Anlagen sind in Ordnung; nach diesem Marsch sehne ich mich nach einer langen, warmen Dusche. Also erst einmal unters fließende Nass, anschließend aufs Bett fallen und bis zum Abendessen schlafen.

Den Pilgernden ging es vor allem um die Vergebung von Schuld und Sünde. Es ging um den Erlass der Strafe im Fegefeuer – den Ablass.

Nicht alle Pilgerfahrten geschahen aus eigenem Antrieb. Pilgerfahrten wurden als Buße für begangene Sünden auferlegt. Im späten Mittelalter konnten nicht nur kirchliche, sondern auch weltliche Instanzen Strafpilgerfahrten auferlegen. Eine Strafpilgerreise nach Santiago konnte den Delinquenten vor der Todesstrafe bewahren! Man musste sich auch nicht selbst den Strapazen einer Pilgerreise aussetzen. Es war möglich, einen Pilger zu mieten, der gegen Bezahlung den Weg zurücklegte. Der geistliche »Lohn« kam dem Auftraggeber zugute. Auch für bereits Verstorbene konnte so eine Befreiung von der Strafe im Fegefeuer finanziert werden. Das Seelenheil war käuflich.

Auch »falsche« Pilger waren unterwegs, Menschen in Pilgerkleidung, die sich so Almosen erbettelten. Die »Jakobsbrüder« erfreuten sich nicht zu allen Zeiten eines guten Rufes.

Als der Wecker klingelt, brauche ich eine Weile, um mich zu orientieren. Warum fühlt sich mein Körper so schwer an? Julius muss ich wachrütteln. Dann gehen wir gemeinsam zum Abendessen.

Das erste Pilgermenü. Das Standardmenü besteht aus einer Vorspeise, meist gutem frischen Salat, einem Hauptgericht, Pommes frites mit gegrilltem Fisch oder Fleisch, Nachtisch wahlweise ein Apfel oder ein Becher Joghurt. Wein und Wasser gehören immer dazu.

Auch wenn das Essen mehr eine Kalorienaufnahme ist, die Stimmung ist umso besser. Wir sitzen an einem runden Tisch mit Pilgern und Pilgerinnen zusammen, die wir zum Teil unterwegs kennengelernt haben. Wir freuen uns gemeinsam, dass wir die erste harte Etappe geschafft haben, sind wirklich geschafft, aber auch voller Vorfreude auf das Kommende.

Die Pilgermesse auf Spanisch wollen wir nicht versäumen. Allerdings ist auch der letzte Rest an Kondition aufgebraucht. Ich packe das ständige Aufstehen während der Messe nicht mehr, habe nur noch einen Wunsch: ins Bett.

Doch an Schlafen ist nicht zu denken. Der Kopf ist wach, ich kenne das von früheren Wandertouren. Das Adrenalin ist noch nicht abgebaut. Einen Tag bin ich jetzt den Jakobsweg gegangen, viele Tage werden noch folgen.

Mit Sicherheit ist die Motivation der heutigen Pilger eine andere als früher.

Jährlich zieht es viele Menschen auf den Pilgerweg. Julius und ich sind jetzt auch dabei. Was werden wir erfahren über die Motivation von Menschen unserer Zeit, die den gleichen Weg gehen? Und was wird er mit uns machen?

25. August
21 km

Roncesvalles – Zubiri

Am nächsten Morgen heißt es Zähne putzen, Sachen packen, Rucksack schultern und Abmarsch durchs wunderschöne Pyrenäen-Vorland. Während des Packens beschließe ich, Ballast abzuwerfen. Ein Paar Sneaker sowie Socken und ein Zusatzpulli bleiben in Roncesvalles. Sie haben dort sicher eine neue Besitzerin gefunden. Julius, der selbst 15 Kilo schleppt, inklusive Wasser und Proviant, belächelt mich spöttisch. Ihm tun zwar auch die Schultern weh, aber er meint, er würde sich schon schnell daran gewöhnen.

Abmarsch durchs wunderschöne Pyrenäen-Vorland.

Es ist heiß, die Rettung ist ein Kioskwagen mit kalten und süßen Getränken.

Wir sind schon ziemlich früh, 15 Uhr, in Zubiri und machen uns auf die Suche nach einer Herberge. Das gestaltet sich schwieriger als gedacht. Drei Herbergen sind komplett voll. Wir stellen fest, dass entgegen der Aussagen des Pilgerführers, der jeden Abend in Vorbereitung der nächsten Tour ausgiebig zu Rate gezogen wird, doch die Möglichkeit besteht, reservieren zu lassen. Erst bei der vierten Herberge haben wir Erfolg. Sie ist schlicht. Die Doppelstockbetten sind dicht gestellt, sodass kaum Platz für den Rucksack zu finden ist. Es ist auch nachts noch ziemlich heiß. Und natürlich sind kräftige Schnarcher im Raum.

Julius nutzt den Fluss für ein Bad.

Das Herbergsleben ist ganz vergnüglich. Wir treffen viele Berlinerinnen und Berliner, essen gemeinsam im Freien. Julius hat das Einkaufen übernommen. Alle sind voller Spannung, was der Jakobsweg für sie bringen wird. Es werden Informationen ausgetauscht. Die Herbergen entpuppen sich als die besten Informationsbörsen. Vor allem werden Tipps für die Herbergen der nächsten Etappen mitgeteilt.

26. August   20 km 🚩

Zubiri – Pamplona

Nach einer fürchterlichen Nacht – die Schnarcher! – geht es auf nach Pamplona.

Zunächst kommen wir an einem Werksgelände (Magnesit-Fabrik) vorbei. Nicht alle Strecken auf dem Jakobsweg sind landschaftlich schön. Aber bald geht der Weg malerisch an einem Flüsschen entlang. Julius ist vorausgelaufen, und ich finde ihn wieder, auf Steinen sitzend, mitten im Fluss.

Malerisch an einem Flüsschen entlang.

Ich laufe eine Weile mit Henriette, einer Holländerin. Wir sprechen über unsere Lebenssituation, unsere Erwartungen an den *Camino*. Das gemeinsame Laufen auf dem *Camino* schafft eine besondere Atmosphäre, Vertrautheit möchte ich es nennen. Es ist möglich und irgendwie normal, mit Menschen, die man vorher nie gesehen hat, über persönliche Dinge zu sprechen. Man vertraut den eigentlich fremden Pilgerfreundinnen mehr an als manchen Freunden zu Hause. Man ist sich nahe für eine kurze Zeit – und dann gehen die Wege wieder auseinander.

Eine nette Raststätte am Río Argos kommt gerade recht, um noch einmal ausgiebig Kraft zu tanken für den Weg nach Pamplona, der über mittelalterliche Brücken führt, an alten Klöstern vorbei und langen Vororten und befahrenen Straßen.

Wir wollen zur Paderborner Herberge gleich hinter der Magdalenenbrücke. Die Albergue »Casa Paderborn«, geleitet von den Jakobsfreunden Paderborn, wird von Pilgern wärmstens empfohlen. Zwei Herbergsväter, natürlich ehrenamtlich tätig, empfangen uns freundlich mit dem Motto: »Immer mit der Ruhe, nehmt euch erst einmal eine Tasse Tee und einen Keks.« Wir bekommen ein Vierbettzimmer, zusammen mit zwei Berlinerinnen, die wir schon am Vortag kennengelernt haben: Franzi und Jasmin. Die beiden haben sich bereits im Zug nach Saint-Jean-Pied-de-Port gefunden und laufen von Anfang an zusammen. Franzi, Mitte zwanzig, studiert – und Jasmin ist an der Humboldt-Universität zu Berlin beschäftigt. Beide sind gut drauf und motiviert, den Weg zu schaffen. Jasmin, die perfekt Spanisch spricht, wovon wir alle profitieren, hat allerdings nicht genug Urlaub für den ganzen Weg, sie will den zweiten Teil im Spätherbst laufen.

Jetzt sind wir erst einmal froh, ein Vierbettzimmer bekommen zu haben, und gönnen uns eine Ruhepause.

Wäsche waschen ist auch fällig. Es gibt eine Waschmaschine, die man für einen Euro nutzen kann, und eine Wäscheleine im Garten. Vom Garten aus hat man einen idyllischen Blick auf den gemächlich vor sich hinplätschernden Fluss. Ein Moment der Entschleunigung nach einem langen Lauftag.

Anschließend gehen wir zu viert hinauf ins Zentrum. Hemingway ruft. Wir bummeln durch wunderbare kleine Gässchen mit Straßencafés, können der Versuchung nicht widerstehen, in ein paar Läden zu schauen voll von Kleidung und Schmuck. Julius darf Modeberater spielen, und die Damen erstehen je ein Kleidchen, günstig und leicht, der Rucksack wird nicht zu stark belastet. Am Abend mal die todschicken, schlammfarbenen Wanderhosen auszuziehen ist wirklich ein modischer Genuss.

Natürlich gehen wir an der Stierkampfarena vorbei, biegen in die Calle Estafeta ein, die Stiertriebgasse der Sanfermines, die mit interessanten Cafés und Bars lockt. Wir genießen ein paar Tapas. Die Erinnerung an Hemingway ist überall sichtbar. Hotels und Cafés tragen seinen Namen.

Das Mittelalter war die Blütezeit des Pilgerns in Europa. Christen aus allen Teilen Europas pilgerten nach Jerusalem zur Grabeskirche. Sie pilgerten nach Rom, zu den Grabstätten der Apostel Petrus und Paulus – und sie pilgerten nach Santiago de Compostela, zum Grab des Apostels Jakobus. Sie erhofften sich an diesen Stätten Heilung an Leib und Seele. Die Wundergläubigkeit war im Mittelalter stark ausgeprägt.

Entlang des Jakobsweges weiß manche Legende über Wunder zu berichten, zum Beispiel die Verwandlung von Hostie und Wein in Fleisch und Blut in dem kleinen Dorf O Cebreiro, spanisch »El Cebrero«. Auch von Krankheitsheilungen wird berichtet.

Hemingway ist überall sichtbar.

Natürlich denke ich auch an seinen berühmten Roman »Fiesta«, den ich in meinen Jugendtagen förmlich verschlungen habe. Das ziemlich zerlesene Taschenbuch aus dem Westen, das durch viele Hände gegangen ist, hat noch einen Ehrenplatz in meinem Bücherregal. Diese völlig andere Welt, Orte wie Paris, San Sebastián und natürlich Pamplona, waren damals so unerreichbar für mich und so faszinierend. Sie weckten Sehnsüchte nach dieser anderen Welt. Und jetzt bin ich hier. Manche Wünsche erfüllen sich spät im Leben. Für manche ist es auch zu spät. Aber Pamplona auf dem Jakobsweg zu erleben, ist schon ein Geschenk der besonderen Art.

Wir bummeln am barocken Rathaus vorbei und besichtigen die im Inneren hochgotische Kathedrale mit dem imposanten Kreuzgang.

Halb verhungert suchen wir ein Plätzchen im Freien und genehmigen uns ein Abendessen, diesmal nicht die üblichen fetten Pommes frites, sondern ein Essen à la carte.

Es wäre noch so viel zu sehen, aber wir sind alle vier nur noch müde und machen uns auf in die Herberge – in der Hoffnung auf eine ruhige Nacht. Pustekuchen, mit ruhiger Nacht war wieder nichts. Bis 1 Uhr tierischer Lärm vom anderen Ufer des Flusses, irgendeine Fete wurde gefeiert – und es ist heiß, heiß. Über mir im Bett wälzt sich Julius. Wir gestehen uns gegenseitig unsere Aggressionen gegenüber den Krachmachern.

27. August   23 km 🚩

Pamplona – Puente la Reina

Am nächsten Morgen muss ich mich entscheiden, ob ich, wie angedacht, einen Tag in Pamplona bleibe, mir die Stadt ansehe und gemütlich vor mich hinbummele. Wäre nicht schlecht. Allerdings muss ich mir dann eine andere Unterkunft suchen. Die Herbergen muss man bis 8 Uhr verlassen haben. Und ich bin ja erst ganz am Anfang des Weges, er ist noch lang. Also keine Schwäche zeigen – und mit Julius, Franzi und Jasmin weiter.

Es ist ein Pilgerweg und keine Kulturreise, wird mir noch einmal ziemlich deutlich. Vielleicht werde ich einzelne Etappen später noch einmal gehen und mir alle Zeit der Welt nehmen, die sie eigentlich verdient hätten.

Der Weg nach Puente la Reina ist lang und heiß, mit Anstiegen. Der Puerto del Perdón, Berg der Läuterung, hat es uns angetan mit seinem Pilgerdenkmal, einem Pilgerzug. Hintereinander sind eiserne Pilger in einer langen Reihe aufgestellt, die Pilger vom Mittelalter bis zur Neuzeit darstellen. Wir reihen uns in die Pilgerschar ein und fotografieren. Die Aussicht ist fantastisch. Der Abstieg ist allerdings nicht ohne…

Es ist wieder heiß, heiß, heiß.

Später erfahren wir, dass Maria, eine Kolumbianerin, beim Abstieg stürzte und sich den Arm brach. Maria ist Mitte vierzig, hat soeben eine schwere Erkrankung überstanden, was man ihr auch ansieht. Dünn und zerbrechlich wirkt sie. Wir machen uns Sorgen, wie sie es bewältigen kann. Sie will unbedingt den *Camino* schaffen. Den Arm in Gips verpackt, läuft sie tapfer weiter. Einen Rucksack kann sie nicht mehr tragen, aber es gibt die Möglichkeit, das Gepäck vorausschicken zu lassen. Nach gutem Zureden tut sie es auch. Ihre Familie daheim bekommt fröhliche Botschaften – alles gut. Sie meint, sonst würden sie sofort herfliegen und sie nach Hause holen.

Das möchte Maria auf keinen Fall. Viele Pilger helfen ihr unterwegs. Wir treffen sie mehrfach. Leider ist die Verständigung schwierig, sie spricht kein Englisch, so können wir nur vermuten, was sie antreibt, und sie bewundern für ihren Willen, durchzuhalten.

Es ist wieder heiß, heiß, heiß. Die Sonne brennt erbarmungslos auf uns nieder. Der Rucksack wird immer schwerer, und meine Hüften meckern. Versuche, das Gewicht zu verlagern, helfen nicht viel.

Nicht weit vor Puente la Reina sehen wir, einsam liegend, eine achteckige romanische Kirche: Santa María de Eunate. Leider können wir sie nicht besichtigen.

In Puente la Reina treffen zwei Wege aufeinander, der Navarrische Weg, auf dem wir gelaufen sind, und der Aragonische Jakobsweg, der auf dem Somport-Pass beginnt. Nun gibt es nur noch einen Weg nach Santiago, den *camino frances*.

Wir finden eine Herberge neben der Templerkirche und beschließen zu kochen. Jasmin und Franzi kochen Nudeln mit Soße.

Mitte des 20. Jahrhunderts setzte eine neue Pilgerbewegung ein. 1982 rief Papst Johannes Paul II. und 1987 der Europarat zu einer Wiederbelebung der Jakobswege auf. 1993 erfolgte die Ernennung des Jakobsweges (camino frances) zum UNESCO-Kulturerbe, 1999 wurden die vier französischen Hauptpilgerrouten nach Santiago de Compostela hinzugefügt und 2015 auch die nördlichen Jakobswege.

Ich schaue mir die Kirche Santiago el Mayor in der Ortsmitte an, eine große gotische Kirche mit einem Renaissanceturm und einem romanischen Südportal. Sie ist, der Name sagt es, dem Apostel Jakobus dem Älteren gewidmet. Eine polychrome Statue des heiligen Jakobus als Pilger, »Santiago Beltza«, baskisch »Jakobus, der Schwarze«, bewundere ich im Inneren.

In der spätromanischen ehemaligen Templerkirche Iglesia del Crucifijo setze ich mich eine Weile hin und komme zur Ruhe nach den vielen Eindrücken des Tages. Hier fällt das Kruzifix in Y-Form auf. Neben einem ähnlichen in Carrión de los Condes ist es das einzige Kruzifix dieser Art in Spanien, sagt mein Pilgerführer.

Zur Herberge gehört ein großer Garten, wo wir uns ausruhen und auch essen können. Uns haben sich einige bekannte Gesichter angeschlossen und steuern zum gemeinsamen Essen bei, hauptsächlich Wein. Erik, ein Norweger, läuft den Weg bereits zum zweiten Mal in diesem Jahr. Er hatte sich beim ersten Mal nicht genug Zeit genommen. Wir treffen ihn noch häufig. Anna, eine Polin, die offensichtlich Beziehungsstress loswerden will, gesellt sich zu uns. Später stößt noch ein Brite dazu. Wir genießen das Essen, den Abend, die Gespräche. Julius hält länger durch, ist dank seiner guten Englischkenntnisse auch der bessere Gesprächspartner. Ich brauche dringend mein Bett und überlasse den Abwasch den anderen.

Am nächsten Morgen wollen wir über die Brücke der Königin laufen, die berühmte sechsbogige mittelalterliche Brücke über den Río Arga.

28. August

Puente la Reina – Estella

Es war eine fürchterliche Nacht. Viele Doppelstockbetten in einem Raum und Schnarcher über Schnarcher. Geht das den ganzen Weg so, wir sind doch erst am Anfang? Kann ich mich daran gewöhnen oder bin ich einfach zu alt für das Herbergsleben? Es gibt zwar die Alternative, sich ein Hostel oder eine Pension zu suchen. Aber zum Pilgerweg gehört auch ein bisschen Verzicht auf die gewohnten Annehmlichkeiten. Also durchhalten!

Die ersten Pilger fangen schon zwischen 4 und 5 Uhr an, ihren Rucksack zu packen.

Julius, Franzi, Jasmin und ich brechen auch früh auf, um nicht am Nachmittag in die große Hitze zu kommen. Wir packen mit Taschenlampe, der Aufbruch erfolgt im Finstern mit Stirnlampe. Ohne Frühstück. Ohne Kaffee. Das fällt auch unter Verzicht auf die gewohnten Annehmlichkeiten. Wir laufen zwei Stunden, bevor wir eine Frühstückspause auf einem Platz vor der Kirche in Cirauqui einlegen. Plötzlich ertönt Musik, aber nicht etwa geistliche – nein, Rammstein hören wir hier und bekommen einen Lachanfall. »Du. Du hast. Du hast mich«, stimmt Julius mit ein und winkt den Menschen auf einem Balkon zu, von wo aus die Musik ertönt. Später zieht aber doch noch eine Pilgergruppe durch den Ort und singt das Pilgerlied:

Tous les matins nous prenons le chemin,
tous les matins nous allons plus loin.
Jour après jour la route nous appelle,

c'est la voix de Compostelle.
Ultreia, Ultreia, et Suseia,
Deus, adjuva nos! ...

An jedem Morgen, da treibt´s uns hinaus,
an jedem Morgen, da heißt es: weiter!
Und Tag um Tag, da klingt der Weg so hell:
Es ruft die Stimme von Compostell:
Ultreia, Ultreia, et Suseia,
Deus, adjuva nos! ...

Es geht durch abgeerntete Felder, stundenlang bei einer Gluthitze, dazwischen ab und an ein kleiner Ort, heißersehnt, um
zu verschnaufen, ein kaltes Getränk zu bekommen oder auch
eine kleine Mahlzeit.

Stundenlang bei
einer Gluthitze

Eine Kerze anzünden für Franzis Mutter

Julius hat sich auf Tortillas spezialisiert, von denen er meist mehrere verdrückt.

Mir reichen die süßen Getränke, etwas Obst und Nüsse. Ich kann nichts Reichhaltigeres essen, solange ich unterwegs bin. Offenbar reicht die Energie in meinem Organismus nicht aus, um auch noch die Verdauung in Gang zu halten. Macht nichts, die süßen Getränke, Obst oder Joghurt genügen.

Wir kommen in Villatuerta an einer romanischen Kirche vorbei, in der gerade eine Totenmesse gefeiert wird. Plötzlich fängt Franzi an zu weinen. Es ist der Todestag ihrer Mutter, die sie im Alter von acht Jahren verloren hat. Ihre Mutter ist, kaum zu fassen, an Windpocken gestorben. Franzi hat früh erwachsen werden müssen, hat Verantwortung für ihre Geschwister übernommen. Wir legen eine Rast ein. Ich biete Franzi an, gemeinsam eine Kerze für ihre Mutter anzuzünden. Und so gehen wir in die Kirche.

In Estella angekommen, entscheiden wir uns für eine Nobel-herberge, 20 Euro pro Person und Doppelzimmer. Himmlisch, kein Anstehen an der Toilette, keine vierzig Mitschläfer im Raum. Nur Julius und ich in einem Zimmer.

Erst einmal müssen unsere Füße versorgt werden, Blasen über Blasen, zum Teil aufgelaufen. Ich lerne, einen Faden durch die Blase zu ziehen und die Enden hängenzulassen, da-mit die Flüssigkeit ablaufen kann. Sozusagen eine Drainage anlegen. Hoffentlich geht das Laufen in den nächsten Tagen einigermaßen.

Meine teuren Wandersocken halten nicht, was der Herstel-ler versprochen hat. Er ist damit höchstens durch den nächs-ten Park gegangen. Am liebsten würde ich ihn verklagen. Fran-zi hat es auch mächtig erwischt. Sie hat Blasen unter dem Fuß und läuft so lange wie möglich im Zehengang.

Jasmins Methode zur Vorbeugung von Blasen scheint bes-ser zu funktionieren. Sie zieht Nylonsocken an und darüber Wandersocken. Allerdings bleibt sie auch nicht ungeschoren, sie leidet unter Wanzenstichen. Na prima, das fehlte gerade noch. Hoffentlich bekommt sie diese Plagegeister bald los.

Wir genießen, genüsslich geduscht und ausgeruht, ein wunderbares Abendessen mit Rotwein aus der Region und sind entspannt und zufrieden – für morgen sind auch nur 20 Kilometer geplant – und schlafen ohne Schnarcher. Allerdings kann nur ich diese ruhige Nacht genießen. Als ich am Morgen aufwache, sehe ich Julius auf dem harten Fußboden liegen. Ich spreche ihn entgeistert darauf an. Er meint, nicht mehr ohne einen störenden Faktor einschlafen zu können. Na ja, wenn er es braucht.

Wenn ich auf Reisen geh, tut mir der Zeh so weh ...

Blasen, Schnarcher und andere Malaisen

29. August   21 km 🏴

Estella – Los Arcos

Weiter geht es, Ziel ist Los Arcos. Wir starten wieder sehr früh, allerdings diesmal sogar – welche Wonne – mit Frühstück. Die Füße habe ich offensichtlich gut versorgt, sie machen mit. Allerdings schreien die Hüften nach Ruhe oder Ibuprofen. Letzteres ist machbar. Kurz hinter Estella gibt es eine Quelle, die statt Wasser Rotwein spendet. Der kleine Umweg schreckt die wenigsten Pilger ab. Julius füllt seine Wasserflasche voll. Ich lasse es lieber.

Die Tour gestaltet sich äußerst heiter. Es geht über Hügel zwischen Feldern und Weinbergen. Es läuft sich gut. Ein kleines Trüppchen hat sich zusammengefunden, alle guter Stimmung, und es wird gesungen. Julius beginnt mit »Wenn ich

Die Hacke macht Attacke und die Wade ist malade.

auf Reisen geh, tut mir der Zeh so weh«, unser Familien-Wanderlied, das meist angestimmt wurde, wenn Ermüdung drohte. Wir bekommen viele Strophen zusammen. Wenn ich auf Reisen geh, tut mir der Zeh so weh, ja der Zeh tut mir weh, wenn ich auf Reisen geh und immer weiter mit:

Wenn ich auf Reisen geh, tut mir der Zeh so weh und die Hacke macht Attacke und die Wade ist malade und das Knie schmerzt wie nie und das Bein, welche Pein, und der Po sowieso und der Bauch leidet auch und das Herz so ein Schmerz... Julius bringt es auf 15 Strophen.

Weil wir einmal beim Singen sind, geht es damit weiter. Jasmin und Julius kennen mehrere Songs der »Ärzte«. Da kann ich nicht mithalten. Mit meinem Repertoire an Volks-liedern versuche ich gegenzuhalten. Aber es stimmt niemand so richtig ein.

In Villamayor de Monjardín kommen wir an einer wunder-baren romanischen Kirche vorbei. Ich lasse mir Zeit und setze mich ein Weilchen in eine Kirchenbank. Langsam rückt der Alltag in den Hintergrund und ich beginne, mich auf den Pil-gerweg einzulassen.

Ich freue mich, dass Kerzen bereitstehen, und zünde eine Kerze an für alle Parkinsonkranken der Welt. Ich tue das in jeder Kirche, die wir betreten.

In Los Arcos finden wir eine nette kleine Pilgerherberge. Nach dem üblichen Ritual – duschen, Sachen waschen, Füße versorgen und einer Ruhepause – geht es zur Pilgermesse in der Kirche Santa María, einem Stilgemisch aus Gotik und Barock mit einem großartigen Barockaltar über den ganzen Altarraum hinweg. Der Priester wendet sich in einer speziellen Ansprache an die Pilger – auf Spanisch, das ich leider nicht verstehe. Nach der Messe werden wir, getrennt nach Sprachgruppen, nach vorn gebeten und erhalten ein Bildchen des heiligen Jakobus mit einem Gebet. Für den, dem Kindergartenalter ziemlich lange entwachsenen, Protestanten etwas verwirrend. Aber doch eine gut gemeinte Geste.

Julius will testen, wie es ist, allein zu gehen. Alles gut, haben wir ja abgemacht. Wir wollen uns in Santo Domingo de la Calzada wiedertreffen.

30. August   28 km

Los Arcos – Logroño

Die Nacht ist wenig erfreulich. Um den Nagel meines rechten großen Zehs hat sich eine Blase gebildet, die eklig weh tut. An Schlafen ist nicht zu denken. Wenn ich eine Schmerztablette suchen will, muss ich Licht machen. Das geht nicht, ohne alle anderen zu wecken. Das wiederum möchte ich nicht. Also aushalten – aber die Nacht ist noch lang.

Um meine Füße etwas zu entlasten, lasse ich meinen Rucksack für die nächste Tour nach Logroño transportieren. Das geht recht unkompliziert. Am Abend bittet man den Herbergsleiter, ein Shuttle-Unternehmen anzurufen. Am Morgen bindet man ein Tütchen mit der Zieladresse, in dem sich fünf Euro befinden, an den Rucksack und lässt ihn einfach stehen. Es funktioniert, der Rucksack ist immer vor den Pilgern am Ziel. Mehrere Unternehmen haben hier ihr Geschäftsmodell gefunden, sodass ein kleiner Wirtschaftszweig entstanden ist. Hilfreich für alle, die Probleme mit dem Rucksackschleppen bekommen. Ich denke an Maria mit dem Gipsarm. Man muss allerdings seine Route genau planen und wissen, welche Herberge man ansteuern will, damit nicht Rucksack und Besitzerin an verschiedenen Orten landen.

Oft genug habe ich über den Rucksack gestöhnt. Aber je länger ich unterwegs bin, desto mehr empfinde ich die zusätzliche körperliche Last als zum Pilgerweg gehörend.

Im Moment bin ich erst einmal dankbar, ohne diese Last laufen zu können, vorbei an der achteckigen romanischen Kirche Santo Sepulcro in Torres del Río.

Wir kommen an einem Stausee vorbei und blicken auf die Berge des Rioja. Kurz vor Logroño machen wir Halt an einer kleinen Oase, die alle Pilger kennen. Maria, die Tochter der 2002 verstorbenen Doña Felisa, stempelt die Pilgerpässe und bietet kleine Erfrischungen, Jakobsmuscheln und andere Pilgerutensilien an.

Danach wird es ungemütlich. Bis Logroño laufen wir auf Asphaltstraßen, an Industriegebieten vorbei. Hinter der Ebro-Brücke kommen wir endlich in die Altstadt und finde die Herberge, an die mein Rucksack geschickt werden sollte. Nur leider ist er nicht da. Ich bin nicht die Einzige, die ratlos versucht, herauszubekommen, wo der Rucksack gelandet sein könnte. Schließlich befindet sich alles, was ich in den nächsten Wochen brauche, darin. Es sind noch etwa 650 Kilometer zu laufen – da möchte ich meinen Rucksack nicht missen. Zum Glück klärt sich alles auf: Die Rucksäcke sind in ein Hotel in der Nähe gebracht worden, da diese Pilgerherberge keine Rucksäcke annehmen darf. Mein Ehrgeiz, die Ursachen hierfür herauszufinden, hält sich in Grenzen. Also los, den treuen Gefährten abholen, obwohl alles in mir nach einer Ruhepause schreit, meine Füße dringend aus den Wanderschuhen müssen. Aber die Trekking-Sandalen sind im Rucksack. Auf dem Weg komme ich an einem Pilgerbrunnen und der Kirche Santiago mit zwei Figuren des Apostels Jakobus, einmal als Pilgernden und einmal als Maurentöter hoch zu Pferde, vorbei.

Als Kriegsheld spielte der Apostel Jakobus in Spanien eine besondere Rolle. Als Santiago matamoros, Maurentöter, der den christlichen Königen gegen die islamischen Eroberer beistand, wurde er verehrt und nicht wenig instrumentalisiert. Der Legende nach soll er im Jahr 844 in der Schlacht bei Logroño dem Anführer des christlichen Heeres im Kampf gegen die Mauren zum Sieg verholfen haben.

Das Bild des Santiago matamoros wurde nicht nur während der Reconquista immer wieder beschworen, sondern auch in den späteren Jahrhunderten in Anspruch genommen, wenn es um die Verteidigung nationaler Interessen ging. Der Gipfel der Instrumentalisierung wurde wohl erreicht, als Franco 1937 im spanischen Bürgerkrieg den Maurentöter zum Nationalheiligen ernannte.

Ich habe meinen Rucksack wieder. Kann duschen, meine Füße versorgen und mich endlich auf meiner Liege langmachen. In den Herbergen, wie auch hier, bekommt man häufig gegen einen kleinen Obolus Wegwerfbettwäsche. Das ist gut, so muss ich nicht in meinen Mumien-Schlafsack kriechen, in dem ich mich kaum bewegen kann, sondern benutze ihn als Decke.

Als die Lebensgeister wieder erwachen, mache ich mich mit Jasmin auf den Weg. Ein kleiner Stadtbummel ist geplant und ein Abendessen. Wir finden ein nettes Restaurant an einem ruhigen Platz, genießen die Abendstimmung und sprechen über unsere Lebenssituation sowie darüber, was uns bewogen hat, diesen Weg zu gehen. Jasmin erzählt mir, dass sie dabei ist, sich von ihrem Mann nach einer schwierigen Ehe zu trennen. Sie ist eine starke Frau, die es schaffen wird, ihren Weg zu gehen.

Später besichtigen wir die spätgotische Kathedrale Santa María und erleben eine ruhige Abendmesse. Ein schöner Ausklang des Tages.

31. August 30 km 🚩

Logroño – Nájera

Eine lange Tour, etwa 30 Kilometer, von Logroño nach Nájera ist geplant. Leider kommen wir erst um 7 Uhr 30 los. Zu spät, aber immerhin mit einem Frühstück im Magen. Das besteht aus Café con leche, frischem Orangensaft (wunderbar!) und einem Croissant oder Toast – ganz nach meinem Geschmack!

Ich bin jetzt mitten im Rioja, laufe zwischen Weinbergen in

einer hügeligen Landschaft. Es ist heiß und der Weg zieht sich lang hin. Aber es ist ein gutes Gefühl, zwischen den Weinstöcken zu gehen, zwischen den Pflanzen, die so eine Symbolkraft besitzen. Es ist ein Gefühl der Verbundenheit mit vielen Generationen vor mir. Ich weiß nicht, wie lange in dieser Region schon Wein angebaut wird, aber ich weiß, wie alt die Kultur des Weinanbaus ist. Bereits im Alten Testament lesen wir von der Bedeutung des Weinanbaus, den Mühen, aber auch dem Reichtum, den der Besitz von Weinbergen bedeutete. Im Neuen Testament finden wir das Bild von Jesus als Weinstock und den Jüngern als seinen Reben. Und natürlich stellt sich das Gleichnis von den Arbeitern im Weinberg ein.

Eine Pause inmitten der Weinberge gönnen wir uns, obwohl uns von dem heutigen Ziel noch etliche Kilometer trennen.

Diese haben es dann auch in sich. Es wird immer heißer, jetzt rächt sich der späte Aufbruch. Und es geht über staubige Trassen und Asphaltstraßen endlos weiter, bis endlich die Straße auf einer Brücke landet, die den Fluss Najerilla überquert. Es ist schon später Nachmittag – und ich bin erledigt. Und nun ist die viel gelobte Pilgerherberge, die mir wärmstens empfohlen wurde, bereits ausgebucht. Später sollte ich erfahren, dass Julius, der vor uns angekommen ist, noch eins der letzten Betten bekommen hat. Wir, Franzi, Jasmin und ich, ziehen also weiter zu einer anderen Herberge am Fluss, wo wir freundlich empfangen werden. Weniger gut: Es gibt nur einen einzigen großen Schlafsaal mit Betten, die sowohl hintereinander, als auch nebeneinander ohne Zwischenraum angeordnet sind. Bei den Duschen sieht es ähnlich aus. Wenige Duschen für viele Leute. Ich bin noch heute den netten Menschen dankbar, die mir mit Rücksicht auf mein fortgeschrittenes Alter das Warten in der Schlange erließen.

Nicht weit entfernt gäbe es ein interessantes Kloster zu besichtigen – aber das geht heute nicht mehr. Ich bin völlig erledigt und schaffe es gerade noch auf die Wiese am Fluss, wo ich
im Schatten bei einer leichten Brise die Augen schließe.

1. September   21 km 🏴

Nájera – Santo Domingo de la Calzada

Die Nacht in dem riesigen Schlafsaal übertrifft meine
schlimmsten Befürchtungen. Als ich morgens um 4 Uhr die
Füße meines koreanischen Bettnachbarn neben meinem
Kopfkissen finde, packe ich meinen Rucksack, setze mich vor
der Herberge auf eine Bank und besinne mich auf die Segnun-
gen des Internets. Ich reserviere in Santo Domingo de la Calzada, wo ich mit Julius verabredet bin, in einer Pension ein
Doppelzimmer. Ich brauche eine ruhige Nacht – und ein Bad
für mich alleine.

Die Aussicht darauf wirkt Wunder. Es läuft sich gleich viel
besser, obwohl meine Blasen gedeihen. Meine Hüften haben
sich mit ihrem Schicksal abgefunden und meckern nicht
mehr. Der Weg ist nicht so anspruchsvoll, leichte Anstiege,
und führt über offenes Gelände. Schon früh ist der Turm der
Kathedrale von Santo Domingo zu sehen.

Julius lagert neben der Hauptstraße, er war bereits lange
vor uns angekommen.

Und nun zur Pension, die sogar eine Badewanne zu bieten
hat – welche Wonne!

Der Ort ist reizvoll mit seinen alten Häusern und Gässchen. Die spätgotische Kathedrale mit romanischen und Renaissance-Teilen und der freistehende barocke Glockenturm sind sehenswert. Berühmt wurde die Kathedrale allerdings weniger durch ihre herrliche Architektur, sondern durch einen – ja, Hühnerkäfig an der Westwand. Wenn der Hahn kräht, bringt das auf der Pilgerfahrt Glück, heißt es. Dazu gehört natürlich eine Legende:

Ein rheinisches Pilger-Ehepaar mit Sohn übernachtete auf dem Weg nach Santiago in einem Gasthaus in Santo Domingo. Die dortige Dienstmagd hatte ein Auge auf den Sohn geworfen. Als dieser sie verschmähte, verbarg sie einen silbernen Becher im Gepäck des jungen Mannes. Der wurde natürlich gefunden und der Jüngling verurteilt und gehenkt. Auf dem Rückweg stellten die Eltern fest, dass der Sohn noch lebte. Der Apostel hatte ihn die ganze Zeit, schätzungsweise zwei bis drei Monate, hochgehalten und die Füße gestützt. Man schnitt den jungen Mann ab und berichtete dem Bischof, der gerade einen gebratenen Hahn und eine Henne auf dem Teller hatte, den Sachverhalt. Der Bischof glaubte die Geschichte nicht und sprach: »Eher wachsen dem Geflügel hier Federn und es fliegt davon, als dass euer Sohn noch lebt!« Und siehe da, dem Ge-

Wenn der Hahn kräht, bringt das auf der Pilgerfahrt Glück.

flügel wuchs Federn – und sie flogen davon. Und so sind jetzt in einem Käfig ein Hahn und eine Henne. Bei unserer Besichtigung hat der Hahn nicht gekräht, und das Gackern der Henne zählt wohl nicht.

Das alte Pilgerhospital, vom heiligen Domingo im 11. Jahrhundert gegründet, und im 14. Jahrhundert gotisch umgebaut, ist heute ein Parador.

Julius und ich gönnen uns ein schönes Essen und treffen eine Pilgerin aus Hamburg, die Julius schon kennengelernt hat. »Das ist also die Großmutter, die mit ihrem Enkel den Jakobsweg läuft«, war ihre erste Reaktion. Das sollte uns noch häufiger begegnen, egal, ob wir zusammen oder allein unterwegs waren. »Die Großmutter mit dem Enkel« – das hatte sich schnell herumgesprochen. Auch auf dem Jakobsweg gibt es offensichtlich Nachrichtenbörsen.

2. September 24 km 🏁

Santo Domingo de la Calzada – Belorado

»Großmutter und Enkel« sind wieder vereint, und gemeinsam mit Franzi und Jasmin laufen wir die nächste Tour nach Belorado, wo uns eine Pilgerherberge mit Pool erwartet. Das gibt es tatsächlich auch auf dem Jakobsweg. Die Freude darauf treibt uns den ganzen heißen Weg an. Es ist ein Hochgenuss, in den Pool zu steigen, jeder Muskel genießt die Wohltat.

Am Abend erleben wir eine große Prozession. Ein reich geschmückter Marienaltar wird durch den Ort getragen zur Kirche San Pedro. Eine Tänzergruppe, ausschließlich junge Männer in Tracht, geht der Prozession voran. Viele Menschen

»Großmutter und Enkel« sind wieder vereint.

stehen Spalier und schließen sich dann der Prozession an. Es ist sehr eindrucksvoll, aber auch langwierig. Immerhin haben mich meine Beine bereits 24 Kilometer getragen und haben jetzt schlicht genug von dem langen Stehen.

In der Herberge gibt es ein wunderbares Restaurant, und das Pilgermenü lässt nichts zu wünschen übrig.

Julius sitzt noch mit anderen Pilgern und Pilgerinnen zusammen. Ich kann einfach nicht mehr. Zehn Tage sind wir jetzt unterwegs, mindestens 20 liegen noch vor uns. Wie viele Blasen werden noch dazukommen?

Was wir nicht ahnen können – auf die Prozession folgte eine Fiesta. Diese beschränkt sich nicht auf den Rathausplatz. Die ganze Nacht ziehen die Feiernden mit fürchterlichem Getöse durch alle engen Straßen – natürlich auch in regelmäßigen Abständen unter unserem Fenster vorbei. Eine Fiesta habe ich mir immer anders vorgestellt. Eigentlich kann man das ja wirklich »um die Häuser ziehen« nennen.

Nach der Prozession ...

3. September   23 km ⚑

Belorado – San Juan de Ortega

An Schlafen war nicht zu denken, also packen wir, unser eingespieltes Quartett mit Franzi und Jasmin, und marschieren um 6 Uhr los. Noch immer ist die Fiesta im Gange.

Aber beim Loslaufen im Finstern mit Stirnlampe unter einem hohen weiten Sternenhimmel ist aller Frust vergessen und kein Platz mehr für Kleinmut. Es ist einfach wundervoll, diese Stimmung zu erleben. Zu erleben, wie die Sterne langsam verblassen und hinter uns die Sonne aufgeht. Die Sterne vor Augen und die Sonne im Nacken.

Die Tour nach San Juan de Ortega über die Montes de Oca ist wunderschön, wenn auch anstrengend. Es ist wieder extrem heiß, aber wir laufen streckenweise durch schattige Wälder.

Unterwegs treffen wir auf einer Lichtung auf eine nette kleine Erfrischungsstelle. Es wird kalte Melone angeboten (köstlich!) und Erfrischungsgetränke. Wir geben dafür einen Obolus.

Wir treffen häufiger auf solche improvisierten Oasen. Menschen aus der Umgebung verdienen damit ein paar Euro – und die Pilger sind dankbar, machen gern eine kleine Pause, tratschen miteinander und ziehen dann wieder ihrer Wege.

Unser Ziel San Juan de Ortega entpuppt sich als ein romanisches Kloster mit sehenswerter Klosterkirche. Die Pilgerherberge befindet sich in dem alten Pilgerhospital mit Kreuzgang und einer Empore. Ein wunderbarer Ort der Ruhe, den ich dankbar genieße.

4. September   28 km |🏴

San Juan de Ortega – Burgos

Jetzt geht es nach Burgos. Wir sind gespannt, haben natürlich die Bilder der imposanten Kathedrale vor Augen. Aber vorher müssen noch 28 Kilometer gelaufen werden. Also wieder früh los.

Zunächst freundlich durch Felder und kleine Wäldchen, vorbei an Atapuerca. Für den Archäologischen Park nehmen wir uns keine Zeit, obwohl in dieser Gegend Reste eines Vorfahrens, der Homo antecessor, gefunden wurden. Dann geht es vorbei an einem alten Militärgelände und lange über Geröll oder Landstraßen. In Villafría de Burgos müssen wir entscheiden, ob wir weiterlaufen bis Burgos oder, um Kräfte zu sparen, zu einem Vorort und dann mit dem Bus in die Stadt fahren.

Julius und Franzi entscheiden sich für den ersten Weg, Jasmin und ich wollen mit dem Bus fahren. Diese Entscheidung erweist sich als Riesenfehler. Wir laufen zunächst ewig in der Mittagshitze auf breiten Asphaltstraßen, warten in einem trostlosen Vorort endlos auf den Bus, um dann auch noch gefühlte Ewigkeiten durch Burgos zu laufen, bis wir an der Herberge ankommen. Julius, der den angeblich anstrengenderen Weg gewählt hat, sitzt schon lange vergnügt in einem Bistro vor der Herberge und vertreibt sich mit kühlen Getränken die Zeit.

Ich lerne *Calimocho* kennen, ein Getränk aus Rotwein, Cola, Zitronenscheiben und Eis, äußerst erfrischend und entspannend. Der erste Eindruck von Burgos beim Ankommen mit dem Bus ist enttäuschend. Das ändert sich mit Betreten der Altstadt mit den kleinen Plätzen, den Kirchen, Toren und Stiegen mit Durchblicken zum Fluss und über allem die prächtigen Türme der Kathedrale mit ihrem Spitzenwerk.

Wir verzichten auf eine Pause und besichtigen erst einmal die gewaltige dreischiffige Kathedrale, die zusätzlich von vielen Kapellen umgeben ist. Überwältigende Pracht – und Machtsymbol zugleich, beeindruckend, aber auch wenig einladend als Kirche. Beim kleinen Stadtbummel erholen wir uns. Abendessen in dem kleinen Bistro und natürlich mit *Calimocho*.

In der Herberge muss ich unbedingt noch ins Internet. In Mecklenburg-Vorpommern hat es Landtagswahlen gegeben. Kein tolles Ergebnis.

Sektfrühstück zum Geburtstag

Auf der Hochebene ein Blick zurück

5. September   20 km 🚩

Burgos – Hornillos del Camino

Die Meseta erwartet uns, eine baumlose Hochebene auf etwa 800 Metern, von Tälern durchzogen. Sie zieht sich bis León hin. Laut Pilgerführer erwarten uns Hitze, Trockenheit, Eintönigkeit. Viele Pilger sparen diese Strecke aus; wir lassen uns nicht schrecken. Ein Pilgerweg muss gegangen werden, wie er ist. Wer eine schöne Wandertour erleben will, ist hier falsch.

Immerhin können wir in Burgos erst einmal gemütlich frühstücken. Wir müssen zunächst über staubige Straßen gehen, bevor wir die Hochebene erreichen und mit ihr den weiten Blick über das Land. Rechts und links des staubigen Fahrweges: abgeerntete Weizenfelder. Vor uns: schnurgerade der Weg. Dieses Bild wird uns einige Tage begleiten.

»Ich bin auf dem Weg« – auch dieses Gefühl wird mich von da an begleiten. Ich weiß nicht, wo ich ankommen werde,

Ich weiß nicht,
wo ich ankommen
werde.

aber ich weiß, dass ich am nächsten Tag den Weg weitergehen werde.

Natürlich ist es heiß, sehr heiß, und die Erleichterung groß, als endlich am Fuße der nächsten Hochebene Hornillos auftaucht, einer der kleinen Orte mit mehreren Pilgerherbergen, die offensichtlich von der zunehmenden Pilgerbewegung leben. Unsere heutige Herberge kann ich trotzdem nicht empfehlen. An spartanische Bedingungen bin ich längst gewöhnt, aber bisher sind wir immer freundlich empfangen worden. Womit wir heute den Unmut der Betreuerin hervorgerufen haben, ist nicht herauszubekommen.

6. September

Hornillos del Camino – Castrojeriz

Wir wollen nach Castrojeriz und brechen schon um 6 Uhr auf. Der Abschied fällt nicht schwer. Jasmin gelingt es, für den heutigen Tag ein Quartier zu reservieren, das uns empfohlen wurde.

Wir steigen auf den Tafelberg auf und laufen über die Meseta. Über uns ein unendlicher Sternenhimmel, hinter uns geht langsam die Sonne auf. Es ist unglaublich. Ich fühle mich als Teil des Universums. Aufgehoben. Die Seele wird weit, kein Zeh tut weh, kein Rucksack drückt. Es sind diese Momente auf dem Weg, die alle Strapazen wegwischen.

An der sehenswerten Klosterruine San Antón machen wir Rast.

Rast an der Klosterruine

In dem bereits im 12. Jahrhundert gegründeten Kloster San Antón kümmerten sich Mönche um Menschen, die an »Antoniusfeuer« litten, einer Vergiftung mit *secale cornutum*, Mutterkorn, einem Pilz, der sich in Roggenähren einnistet, über die Nahrung aufgenommen wird und zu einer Verengung der Blutgefäße führt. Es treten Durchblutungsstörungen von Herzmuskel, Nieren und Gliedmaßen auf. Als Folge kommt es zum Beispiel zum Absterben von Fingern und Zehen. Auf alten Bildern kann man die Leidenden sehen. Diese Vergiftung führte häufig zum Tod. Die Pflege durch die Antoniter bestand vor allem darin, den Kranken mit Weizenprodukten zu ernähren. So konnten viele Kranke geheilt werden. Die Reichen, die sich überwiegend von dem teuren Weizen ernährten, blieben vom Antoniusfeuer verschont.

Viele Pilger haben in diesem Ort bereits Rast gemacht.

Eine Burgruine aus der Westgotenzeit auf einem Hügel vor dem kleinen traumhaften Städtchen Castrojeriz sehen wir schon von weitem. Am Eingang des Ortes empfängt uns eine spätromanische Kirche.

Viele Pilger haben in diesem Ort bereits Rast gemacht, sich mitunter auch pflegen lassen müssen. Davon zeugen die Pilgerhospitäler. Die brauchen wir glücklicherweise nicht. In einer wunderbaren Herberge werden wir liebevoll empfangen und bekommen sogar ein Doppelzimmer in einem gemütlichen alten Haus mit wunderschönem Garten und einem Fußpool. Letzteren habe ich mit meinen lädierten Füßen doch lieber nicht ausprobiert.

Nach dem üblichen, extrem notwendigen Ausruhstündchen geht es zur Ortsbesichtigung und natürlich in die Apotheke. Der Verbrauch an Verbandmitteln ist dank der Blasen enorm – bei mir vor allem an den Zehen. Die vielgelobten Blasenpflaster sind jedenfalls für mich völlig ungeeignet. Besser taugen sterile Kompressen, die einfach festgetapt werden. Man muss die Zähne zusammenbeißen beim Einstieg in die Wanderstiefel. Der Schmerz vergeht beim Laufen und meldet sich erst beim Anhalten und Ausziehen der Stiefel wieder. Glücklicherweise sind die Trekking-Sandalen zehenfrei.

Julius hat keine Blasen an den Zehen, er hat offensichtlich die besseren Schuhe erwischt, jedenfalls die leichteren. Meine im Hochgebirge erprobten festen Lederstiefel sind eigentlich auf dem Jakobsweg nicht nötig. Das merke ich leider zu spät. Neue Wanderschuhe zu kaufen, ist zu riskant, die bringen ziemlich sicher neue Blasen an anderen, bisher verschonten Stellen mit sich.

Wir sind in einer der wenigen Herbergen, wo es ein gemeinsames, schönes Abendessen mit allen Pilgerinnen und Pilgern gibt. Danach erleben wir eine Besichtigung des mittelalterlichen Weinkellers samt Weinprobe. Wir genießen den Abend und fallen todmüde ins weiche Bett. Julius jedoch kann sich damit einfach nicht anfreunden. Er schläft wieder auf dem Fußboden. Ich schüttele den Kopf – verrückt, dieser Junge. Es ist auch nachts noch heiß, so hecheln wir uns durch die Nacht.

7. September 26 km 🚩

Castrojeriz – Frómista

Wir wollen heute, an meinem Geburtstag, bis Frómista laufen. Für 6 Uhr ist der Start geplant.

Große Überraschung: Am Frühstückstisch steht eine Flasche Sekt! Wie hat Julius diese am Vorabend noch organisiert? Ein Sektfrühstück auf dem Jakobsweg mit Julius, Franzi, Jasmin und allen, die gerade dazukommen, hätte ich mir nicht träumen lassen. Sogar ein Geburtstagsständchen bekomme ich, kaum zu fassen. Ich bin überwältigt.

Aber ausführliches Feiern geht nicht. Wir haben eine lange Tour vor uns. Julius schenkt mir einen Rucksack-Transport. Ich kann also zur Feier des Tages ohne Last auf dem Rücken laufen, meist auf Feldwegen, rechts und links abgeerntete Weizenfelder mit Blick über die weite Ebene. Wie alle Tage. Ich kann mir schon keine andere Landschaft mehr vorstellen. Als eintönig empfinde ich es nicht, das Laufen ohne irgendeine Ablenkung hat etwas ungemein Beruhigendes. Am Ende geht es an einem malerischen Kanal entlang, gesäumt von Bäumen, ein ungewöhnlicher Anblick in der kargen Meseta. Und natürlich ist es wieder heiß …

Die Füße finden ihren Weg allein.

Es sind diese unspektakulären Wege über die Hochebene, die Kopf und Seele weit werden lassen. Die Füße finden ihren Weg allein.

Heute kommen die Erinnerungen an viele Geburtstage.

Ich denke an die Geburtstage mit meinem Zwillingsbruder in der Nachkriegszeit. Zum Geburtstagskaffee, natürlich »Muckefuck«, wie der Zichorienkaffee in Sachsen heißt, gab es Brot mit Pflaumenmus. Woher meine Mutter das kostbare zusätzliche Brot hatte – ich weiß es nicht. Wahrscheinlich hat sie dafür wieder eine Nacht an der Nähmaschine verbracht und das Honorar in Naturalien erhalten. Das Pflaumenmus wurde von meiner Mutter aus den Pflaumen der eigenen Bäume hergestellt. Nie wieder habe ich so herrliches Pflaumenmus gegessen. Als die Zeiten besser wurden, stand ein Pflaumenkuchen auf dem Tisch. Das muss noch heute so sein, natürlich selbst gebacken.

Viele Geburtstage mit der eigenen Familie kommen mir in den Sinn, die selbstgemalten Bilder der Kinder, die traditionelle Dia-Show meines Mannes, mit Gedichten unterlegt.

Und natürlich mein fünfzigster Geburtstag 1989, als die politischen Veränderungen in der Luft lagen. Die Grenzen in Ungarn waren offen, wieder verließen viele das Land, sie hatten resigniert. Wir diskutierten mit unseren Freunden voller Hoffnung und Sorge, was wohl auf uns zukommen würde. Wir sahen die positiven Entwicklungen in der Sowjetunion, in Polen, in Ungarn. Bei uns dagegen starres Beharren und Festhalten an jedem Zipfel der Macht, obwohl die DDR schon längst am Ende war – moralisch und auch wirtschaftlich. Aber keiner von uns konnte sich vorstellen, dass schon zwei Monate später die Mauer offen sein würde.

Wie aus einem Guss

Es ist der erste Geburtstag ohne meinen Mann. Und der Schmerz ist heute auch mein Begleiter. Mehr als 50 Jahre haben wir zusammen die Geburtstage gefeiert. Ich laufe lange mit Julius, der seinem Großvater extrem nahestand, das ist tröstlich.

In Frómista angekommen, finden wir eine Herberge gegenüber einer 1066 geweihten Kirche, die zu Recht »Perle der Romanik« genannt wird. Wie aus einem Guss wirkt die dreischiffige Hallenkirche San Martin mit einem Tonnengewölbe. Nur drei Figuren finden sich im Innenraum – links ein heiliger Martin aus dem 12. Jahrhundert, rechts ein naiver heiliger Jakobus aus dem 15. Jahrhundert und in der Mitte das Kruzifix aus dem späten 13. Jahrhundert. Traumhaft in ihrem Verzicht auf Prunk und Macht.

Nach dem üblichen Programm – duschen, ausruhen, Wäsche waschen – werde ich von Julius gedrängt, in den Aufenthaltsraum zu kommen. Da hat er doch tatsächlich mit Jasmin und Franzi eine Kaffeetafel mit einer riesigen Torte organisiert – und ich bekomme das nächste Ständchen gesungen. Die Torte, eigentlich für sechs Personen bestellt, ist von uns beim besten Willen nicht zu schaffen. Also werden alle ankommenden Pilger und Pilgerinnen zu einem Stück Torte eingeladen, und ich bekomme noch mehrmals »Happy birthday to you« gesungen.

Das Handy macht es möglich, dass mich weitere Glückwünsche erreichen.

Dieser Tag bietet aber noch mehr an schönen Überraschungen. In der Kirche San Martín findet ein Konzert mit dem spanischen klassischen Gitarristen Eduardo Rodriguez statt. Ich weiß nicht, ob es eigene Kompositionen sind, die er meisterhaft vorträgt. Ich genieße das Konzert. Es ist das erste

Mal, dass ich auf dem Jakobsweg ein Konzert höre. Und das in der schlichten romanischen Kirche, die eine große Harmonie und Ruhe ausstrahlt. Danke, lieber St. Jakob, denke ich, das war wirklich ein herrliches Geburtstagsgeschenk von Dir.

Nicht nur ich bin begeistert, Julius ebenfalls. Leider hat der Künstler keine CDs dabei, aber vielleicht werde ich ja im Internet fündig.

Danach sitzen wir im Garten eines Restaurants. Neben Julius sind Franzi, Jasmin und Max und Uschi, ein Ehepaar aus Ostfriesland, dabei. Diese beiden sind innerhalb von vier Jahren von Aurich, ihrer Heimat, bis Jerusalem gepilgert, etwa 5.000 Kilometer. Ich bin beeindruckt. Dagegen ist der Jakobsweg fast ein Spaziergang. Sie haben darüber ein lesenswertes Buch geschrieben mit Aquarellen von Max. Er schenkt mir eine auf unserem Weg entstandene Zeichnung vom Kloster San Antón.

Julius erzählt uns viel von seinen Erfahrungen in Israel. Wir sitzen lange, sprechen und genießen die Stimmung, die Ruhe, das Beisammensein. Ich bin dankbar für diesen besonderen Geburtstag.

8. September 20 km ⚑

Frómista – Carrión de los Condes

Heute sind die Helden alle müde. Es geht erst nach 7 Uhr los. Ein langer Weg über die Tierra de Campos zwischen abgeernteten Weizenfeldern. Wir sind froh, dass es nicht mehr so heiß ist. Die weithin sichtbare gotische Kirche Santa María la Blanca in Villalcazár bestaunen wir nur von außen, es geht weiter nach Carrión de los Condes. Im Kloster Santa Clara finden wir eine Herberge mit Einzelbetten, allerdings zwölf pro Raum, oder besser Saal, und guten sanitären Anlagen. Es ist Feiertag, Mariä Empfängnis, und alle Läden haben zu. Wir brauchen dringend Nachschub, also mache ich mich auf den Weg, schaue mich ein bisschen in der Stadt um, in der Feiertagsstimmung herrscht, und finde tatsächlich noch einen »Spätkauf« – wenigstens Brot und Getränke bekomme ich für uns.

Eine längere Ruhepause ist fällig. Wir wollen noch zu einer Pilgermesse, landen aber in der falschen Kirche – und am Ende in einem netten Restaurant zum Abendessen. Auch gut.

9. September   27 km 🏴

Carrión de los Condes – Terradillos de los Templarios

27 Kilometer wollen wir heute schaffen! Also früh los. Stundenlang geht es wieder durch die abgeernteten Weizenfelder, durchbrochen von Sonnenblumenfeldern, die beinahe abge-

Gepilgert wird in allen Weltreligionen. Der Tempel in Jerusalem war das große Ziel der Juden in der Antike. Jüdische Pilgerorte auf der ganzen Welt sind Gräber von Menschen, die im Judentum eine wichtige Rolle spielten. Für gläubige Muslime ist es Pflicht, mindestens einmal im Leben eine Pilgerreise nach Mekka, dem Geburtsort des Propheten Mohammed, zu unternehmen. Jährlich sind etwa 2,5 Millionen Gläubige unterwegs dorthin.

Fröhliche Sonnen-
blumengesichter

blüht sind. Wir sehen die Spuren der künstlerischen Betäti-
gung von Pilgern. Die Köpfe der Sonnenblumen sind zu fröhlichen Gesichtern umgestaltet. Wir gehen auf einer alten
Römerstraße, Ewigkeiten, wie es uns scheint.

Wunderbar, als endlich eine Kirchturmspitze auftaucht. Es ist
tatsächlich keine Fata Morgana. Allerdings ist vom ersten
Auftauchen des Kirchturms bis zum Ort noch eine gute Weile
zu laufen. Wir treffen vor einer Bar mal wieder viele alte Pilger-
bekanntschaften, Max und Uschi, Henriette, Karl-Heinz und
andere.

Und wieder geht es weiter bis Terradillos ... Ein Zweibettzimmer in einer gepflegten Herberge am Ortseingang haben
wir reserviert.

Und dann wieder das übliche: Rucksack ablegen, Stiefel
aus, duschen, duschen, duschen, Wäsche waschen.

Ein zweiter Pilgerpass ist nötig, im ersten ist bereits kein

Platz mehr für die Stempel, die individuell und kunstvoll gestaltet sind. Wir freuen uns über jeden neuen Stempel. In allen Pilgerherbergen, auch in Hostels, und in Kirchen erhalten wir einen Stempel, der bezeugt, dass wir an diesem Ort gewesen sind. In Santiago werden wir den Pilgerpass als Nachweis der gelaufenen Strecke vorlegen.

Im Garten lässt es sich gut ausruhen, mit *Calimocho* zur Entspannung.

Meine Füße sehen schlimm aus. Julius graust es vor dem Anblick. Vor allem die Zehen machen mir Sorge. Zwei Nägel habe ich schon entfernt. Am rechten großen Zehennagel hat sich das Nagelbett entzündet. Das ist gar nicht gut, die reichliche Hälfte des Weges ist schließlich noch zu laufen. Eine Ruhepause kann nicht schaden. Ich beschließe, morgen nur bis Sahagún mitzulaufen und von dort nach León mit dem Zug zu fahren, wo ich Julius erwarten will. So habe ich eine Pause zum Regenerieren – und um meine Füße ärztlich behandeln zu lassen.

Gesundheitssystem auf Spanisch

Halbe Strecke in Trekkingsandalen und mit Kajalstift

10. September

66 km 🚩

Terradillos de los Templarios – Sahagún, León (Zug)

Ich bleibe bei meinem Entschluss, wenn auch mit etwas Wehmut, entgeht mir doch ein Stückchen des Weges. Und ist es gut, aus dem Rhythmus zu kommen? Aber mein Zeh, der tut weh, und er tut nicht nur weh, sondern sieht auch nicht gut aus!

Julius wird mir berichten, was ich verpasst habe ...

Also laufe ich mit bis Sahagún. Wir überschreiten den Punkt »halbe Strecke bis Santiago geschafft« – und führen ein Freudentänzchen auf, so gut es geht. Natürlich werden auch Beweisfotos geschossen.

In Sahagún trennen sich unsere Wege. Ich habe noch Zeit, bis mein Zug fährt, und schlendere gemächlich durch den hübschen Ort. Das habe ich eigentlich auf dem ganzen Weg noch

nicht getan, fällt mir auf. Das alte Kloster ist leider nicht zu besichtigen.

Es ist Markttag. Ich setze mich ins Café und schaue dem Markttreiben zu.

Am frühen Nachmittag geht es mit dem Zug nach León. Ich habe mir ein Hostel nahe der Kathedrale gebucht, alles nett und freundlich. Den Rucksack brauche ich die nächsten beiden Tage nicht, ebenso keine Wanderstiefel und Wandersocken.

Mit Trekkingsandalen, Wanderbluse und der »besseren« Ersatzwanderhose mache ich mich zu einem Bummel auf. Es ist Sonnabendnachmittag und alle Spanierinnen und Spanier flanieren, fein gemacht, über den Platz vor der Kathedrale, durch die wunderschönen Altstadtgassen und sitzen in Cafés. Ja, ich bin nicht mehr unter Pilgerinnen und Pilgern und komme mir in meiner Pilgerkluft ohne den Alibirucksack ziemlich deplatziert vor. Eine anständige Bluse könnte dem vielleicht abhelfen. Ich werde fündig, für zehn Euro erstehe ich eine bunte Bluse. Nun noch ein Kajalstift – und ich fühle mich besser. Für diesen Rückfall in die Eitelkeit werde ich ein paar Kilometer zusätzlich laufen, beschließe ich.

11./12. September

León

Es ist Sonntag. Ich schlafe lange und genieße ein ausgiebiges Frühstück auf dem traumhaften Platz vor der Kathedrale. Es tut schon gut, ohne Rucksack auf dem Rücken vor sich hin trödeln zu können. Für die Stadtrundfahrt genehmige ich mir einen Touristentrain. Als Großmutter und mit lädierten Füßen steht mir das schließlich zu. Ich bekomme einen ersten Eindruck von all den interessanten Plätzen und Bauwerken, die ich noch ansehen will. Aber erst einmal suche ich einen Arzt, der meine Zehen behandelt. An der Rezeption bekomme ich die Adresse einer Notfallstelle in einem katholischen Hospital in der Nähe, und ich mache mich auf den Weg. Was nun folgt, ist kabarettreif:

Die Dame an der Anmeldung spricht kein Wort Englisch. Und ich kein Spanisch, kann aber immerhin meine Füße vorweisen, die eine deutliche Sprache sprechen.

Egal, erst einmal muss die Frage geklärt werden, wer die Kosten trägt. Ich versuche verzweifelt deutlich zu machen, dass ich selbst zahle, lege ihr mein Portemonnaie auf den Tisch. Nichts da, meine Versicherungskarte will sie haben. Ich lümmele auf dem Tresen, kann nicht mehr stehen. Ein älterer

Arzt kommt vorbei, wirft einen Blick auf meinen erbarmungs-
würdig aussehenden großen Zeh und fragt nur: »Trauma?«
Offensichtlich denkt er, mir wäre ein Felsbrocken auf den Zeh
gefallen. Ich erkläre nur: »*Camino*« – in der Annahme, dass
sicher schon einmal ein Pilger mit kaputten Füßen durch León
gekommen sein müsse. Unterwegs habe ich jedenfalls eine
Menge davon getroffen. Na, wenigstens darf ich mich dann
im Wartezimmer auf einen Stuhl setzen. Nach einer Stunde
kommt die Dame von der Anmeldung, um mir mitzuteilen,
dass meine Versicherungskarte hier nicht gelten würde und
ich selbst bezahlen müsse. Na, klasse. Das habe ich doch
gleich angeboten.

Ich warte geduldig weiter, werde nach einer Weile von dem
älteren Arzt ins Behandlungszimmer gerufen. Ein jüngerer
Arzt ist dabei, der offensichtlich Englisch spricht, aber erst
übersetzt, wenn sein Chef ihn dazu auffordert. Die Mediziner-
Hierarchie ist offensichtlich überall gleich.

Der Arzt besieht sich genervt meinen Zeh. Dann versorgt
der Assistenzarzt die Wunde, und das in der gleichen Weise,
wie ich es bisher auch schon getan habe: Er desinfiziert, gibt
eine antibiotische Salbe drauf und verbindet den Zeh, aber lediglich den großen rechten. Alle übrigen Wunden überlässt er
ihrem Schicksal. In der Zwischenzeit holt der Chef aus seinem
Computer eine Anweisung für die nächsten Tage heraus – auf
Englisch. Der Rat lautete: »No walking«. Ja aber, ich will doch
gerade laufen, ich bin auf dem *Camino*!

»Wie viele Kilometer laufen Sie denn am Tag?« 25 im
Durchschnitt. »Hm gut, aber nicht mehr als 20 Kilometer.«
Jetzt wird es wirklich skurril. Ich bezahle meine »Behandlung«,
verlasse schnellstens dieses Hospital und hoffe, in den nächsten Wochen nicht ernstlich medizinische Hilfe zu brauchen.

Mich packt die Reue. Es wäre nützlich gewesen, doch vorher ein bisschen Spanisch zu lernen, denke ich, und mache mich auf zur Kathedrale. Dort ist aller Ärger schnell verflogen. Mich begeistert der elegante, dreischiffige frühgotische Bau mit bunten Glasfenstern und schlichten Seitenaltären. Das Innere ist vom farbigen Licht durchflutet, einfach überwältigend. Ich verbringe Stunden in dieser Kathedrale, lege den Audioguide beiseite und lasse diesen Raum, das Licht, die Höhe, die Figuren sprechen. Eine schwangere Maria ist in einem Seitenaltar zu sehen. Es ist der anrührendste der Marienaltäre, und es sind wirklich viele, die ich auf dem Jakobsweg sehe.

Die rührende schwangere Maria

Noch einmal ein gemütliches Frühstück vor der Kathedrale. Song, ein Südkoreaner, kommt vorbei. Wir treffen ihn häufig. Er selbst stellt sich immer mit den Worten vor: »Ich heiße Song wie – sing my favorite Song.« Auch er hat furchtbare Probleme mit Blasen auf den Fußsohlen, muss immer mal wieder pausieren, holt uns aber stets wieder ein. Er hat ein unglaubliches Lauftempo.

Ich warte auf Julius, der bald mit Franzi, Jasmin und Ulf, einem weiteren Berliner, auftaucht. Die Berliner Fraktion wächst. Jetzt erlebe ich zum ersten Mal, dass Julius ziemlich erledigt ist und sich eine Siesta in unserem Hostel genehmigt.

Die Pilgertruppe hat offensichtlich ordentlich zugelegt, um möglichst früh in León anzukommen.

Aber am Nachmittag will auch er die Kathedrale sehen, die ihn ebenso begeistert wie mich. Heute wird auch der Kreuzgang besichtigt. Wir bummeln noch durch die Stadt. Mir hat es besonders San Isidoro, eine frühromanische Kirche, angetan.

Abends essen wir auf dem Kathedralenplatz mit Franzi und Jasmin, und natürlich kommen auch wieder Bekannte vorbei, diesmal Erik mit Anne. Man ist nie allein auf dem Jakobsweg.

13. September

38 km |📫

León – Hospital de Órbigo

Julius packt heute schon um 4 Uhr seinen Rucksack und marschiert los. Er will auch die etwa zehn Kilometer weniger schöne Strecke laufen durch Gewerbegebiete, die wie überall vor der Stadt liegen. Jeden Kilometer will er unbedingt laufen. Das muss nicht sein, beschließe ich. Die Berliner Fraktion findet das auch – und so treffen wir uns erst um 6 Uhr 30 vor der Kathedrale und fahren gemeinsam mit einer Taxe aus der Stadt heraus. Von den netten Frühstücksbars, die bisher unseren Weg begleitet haben, ist weit und breit nichts zu sehen. Erst gegen 10 Uhr finden wir eine offene Bar. Unser Trüppchen hat sich, wie meist, auseinandergezogen. Jeder geht nun seinen Weg mit sich und seinen Gedanken allein, auch seinen inneren Weg.

Es dauert nicht lange – und dann kommt der angesagte Regen. Und es regnet richtig. Also Regencapes ausgepackt. Schon nach kurzer Zeit merke ich, dass mein Regenponcho, der mir bei früheren Wanderungen gute Dienste erwiesen hat, die längere Liegezeit nicht gut überstanden hat. Er ist schlicht und einfach nicht mehr wasserdicht, also absolut wertlos. Ich habe ihn vergeblich den ganzen Weg mitgeschleppt. Heute Abend kommt er in die Mülltonne. Wir laufen auf einer schnurgeraden Landstraße in einer menschenleeren Gegend. Kein Baum, kein Strauch, kein Haus – nur Regen von oben. »Nun weiter, denn nur weiter, mein treuer Wanderstab ...«, kommt mir wieder in den Sinn.

Irgendwann ist alles nass, klatschnass. Wenigstens der Rucksack bleibt dank seines Regenschutzes trocken. Die Schuhe quietschen. An meine gerade ein wenig regenerierten Füße denke ich lieber nicht.

Ich laufe lange mit Franzi, die heute ein bisschen Aufmunterung braucht. Wir reden über alles Mögliche. Ich erzähle komische Begebenheiten aus meinem politischen Leben. Aus der zeitlichen und räumlichen Distanz gesehen wird mancher Ärger aus dieser Zeit zur Story, über die wir beide lachen. Endlich ist auch ein Ort in Sicht – leider noch nicht unser Ziel.

Weiter geht es. Julius, der sicher weit vor uns ist, hat uns eine Botschaft auf einem Markierungsstein hinterlassen: »Go Tine, go Franzi, go Jasmin, go Berlin.« Das ist die Aufmunterung, die wir jetzt brauchen, um dem Regen zu trotzen.

Wir kommen endlich an in Hospital de Órbigo. Und werden freundlich in der kleinen gemütlichen Albergue Miguel empfangen. Viele Bilder hängen an den Wänden, von Malern der Region. Ich traue meinen Augen nicht, als mein Blick auf ein Bild fällt, auf dem ein Frauenkopf dargestellt ist und daneben – ich kann kaum glauben, was ich sehe – der Text eines Liedes aus der »Schönen Müllerin«, dem wunderbaren Liedzyklus von Franz Schubert:

Ich frage keine Blume,
ich frage keinen Stern,
sie können mir alle nicht sagen,
was ich erführ' so gern…

Ich habe den Liedzyklus auf meinem MP3-Player aufgespielt. Leider kann ich ihn nicht mehr nutzen, da der Akku leer ist und ich das Ladekabel vergessen habe.

Ich frage den Herbergsvater, wie es dazu kommt, dass das Bild hier hängt. Er erzählt mir, dass eine Amerikanerin, die in der Nähe lebt, Sängerin ist und auch malt – und ihm dieses Bild geschenkt hat. Ich bitte ihn, viele Grüße auszurichten.

Franzi entdeckt die Botschaft von Julius.

Heute koche ich mal keine Nudeln, sondern Risotto. Wir haben einen gemütlichen Abend. Für Jasmin ist es der letzte. Sie muss morgen zurück nach Berlin. Sie will im November den zweiten Teil des Weges gehen und lässt ihren Wanderstab hier in der Herberge.

14. September 16 km 🚩

Hospital de Órbigo – Astorga

Wir frühstücken noch einmal alle zusammen, vergießen ein Abschiedstränchen und dann geht es los nach Astorga. Die Stiefel sind leider noch nicht trocken, trotz des Ausstopfens mit Zeitungspapier. Ich ziehe meine Trekking-Sandalen an. Das geht so einigermaßen, allerdings muss ich häufig die Steine aus dem Schuh entfernen und merke, dass das Bücken mit dem Rucksack auf dem Rücken gut unter »spezielles Workout« eingeordnet werden kann. Nach dem gestrigen Regen ist es ziemlich kalt und windig geworden. Wir laufen durch eine reizvolle hügelige Landschaft mit Steineichenwäldern. Am Weg gibt es wieder eine der alternativen Oasen, wo wir Obst und Säfte bekommen, die Spendenbüchse steht dabei. Das Ambiente, in dem das Grüppchen hier lebt, ist abenteuerlich, Hunde und Katzen dürfen nicht fehlen. Aber wir fühlen uns an diesem ungewöhnlichen Platz für ein Ruhepäuschen sehr wohl.

Von einer Hochfläche haben wir einen Blick bis zu den Montes de León, kommen später an einem Steinkreuz, dem Crucero de Santo Toribio, vorbei. Wir sehen jetzt schon Astorga in der Ferne.

Wir sind müde.

Im Mittelalter war Astorga die letzte Station für die Pilger und Pilgerinnen vor den Bergen, die man im Winter nicht überqueren konnte. Wer zu spät dran war, musste hier überwintern. Schon damals waren Pilger für die Orte eine Einnahmequelle. Ein Museum der Pilgerwege gibt einen Einblick in die Mühsal des Pilgerns in dieser Zeit. Und uns vergeht das Jammern über Blasen an den Füßen und schmerzende Schultern.

Auch heute noch ist der Ort gut auf Pilger eingerichtet.

Unser heutiger Begriff »Pilger« geht zurück auf das althochdeutsche »piligrim«, das sich nun wieder ableitet vom lateinischen Wort »peregrinus«. Peregrinus meint den Fremden, also zunächst den nicht dem eigenen Lebenskreis Zugehörigen. Erst im Laufe des Mittelalters wurde nur noch der als »peregrinus« bezeichnet, der auf dem Weg zu heiligen Stätten war, die Stätten, an denen Christus gewirkt hat.

Urpilgerort der Christenheit wurde Jerusalem. Bereits seit dem 4. Jahrhundert wurden Pilgerfahrten zum Grab Christi bezeugt.

Auch die Wirkungs- oder Begräbnisstätten der wichtigsten Zeugen des christlichen Glaubens, der Apostel und Märtyrer, wurden zum Ziel von Pilgerfahrten.

Franzi braucht dringend neue Schuhe, wenn sie bis Santiago kommen will. Wir finden einen Laden, der alles hat, was Pilger brauchen. Die Betreiber kommen aus der Schweiz. Beim Schuhe probieren erzählen sie uns ein bisschen, wie die Pilgersaison war; wir sind ja schon mitten im September. Sie berichten, dass viele aufgeben mussten, weil sie die Hitze auf der Meseta nicht ausgehalten haben. Und auch die Füße sind es, die heiß und feucht in den Wanderschuhen nicht die täglich neuen Belastungen aushalten. Das kann ich bestätigen.

Die Kathedrale besichtigen wir noch, den Bischofspalast, den der Architekt Antoni Gaudí begonnen, aber ihm offensichtlich nicht viel Liebe gewidmet hat, zumindest von außen.

Alle Zeugnisse der Römerzeit schenken wir uns. Wir sind müde, müssen noch einkaufen, und es hat wieder angefangen zu regnen.

Wir kommen in einer großen Herberge in einem Zehnbetten-Schlafsaal unter.

Eine Betreuerin, die aus Deutschland kommt, erzählt, dass sie jedes Jahr ihren Jahresurlaub in dieser Herberge verbringt und sich ehrenamtlich um die Pilger und Pilgerinnen kümmert. Alle Achtung. Ohne die vielen Ehrenamtlichen wäre es nicht möglich, den Betrieb aufrechtzuerhalten bei dem Obolus, den die Pilger für die Übernachtung bezahlen. Eine solche Pilgerreise wird so für alle möglich.

Franzi kocht, was bei dem Gedränge in der vollen Herberge nicht so einfach ist. Auch der Aufenthaltsraum ist überfüllt. Wir finden einen Platz auf einer kalten Terrasse. Dazu kommt eine koreanische Pilgergruppe, die mehr getrunken hat, als sie verträgt, und fürchterlichen Lärm macht. Julius und Franzi erheitert das, ich bin mächtig genervt. Ab und an meldet sich das Alter doch. Also auch das kann man auf einem Pilgerweg erleben.

Die Nacht ist laut, wir haben ein Schnarcher-Zimmer erwischt. Eigentlich sind alle Zimmer in den Herbergen Schnarcher-Zimmer. Dazu riechen die feuchten Wanderklamotten, die überall herumliegen, kräftig. Ich kämpfe die ganze Nacht um ein offenes Fenster. So schnell, wie ich es geöffnet habe, ist es auch wieder zu. Aber außer mir und Franzi sind nur Männer in unserem Zimmer. Anscheinend ist der Geruchssinn bei Männern weniger ausgeprägt, dafür die Angst vor kalter Frischluft mehr. Die Angst vor dem Tod durch Erfrieren ist offensichtlich stärker als die Angst vorm Ersticken. Da hilft nur: so früh wie möglich raus!

15. September   20 km 🏴

Astorga – Rabanal del Camino

Um 5 Uhr 30 geht es los. Bis Rabanal del Camino wollen wir kommen. Julius hat wie immer unsere Brote zurechtgemacht. Es ist noch immer kalt, stürmisch und verdächtig dunkle Wolken begleiten uns. Der Weg geht lange Strecken parallel zur Landstraße.

Eine Hamburgerin hat sich bei einer Rast zu uns gesellt. Sie will nur eine kurze Strecke laufen, um auch einmal auf dem Jakobsweg gewesen zu sein. Sie gibt uns zu verstehen, dass dieser Pilgerweg eigentlich nichts ist im Vergleich mit ihrer Reise durch die USA mit der Besichtigung des Grand Canyons. Das sei doch ganz was anderes gewesen. Ja, auch solche Pilgerinnen trifft man. Sie nervt entsetzlich. Julius und ich legen an

Noch immer kalt und stürmisch

Tempo zu, um außer Hörweite zu geraten. Die arme Franzi muss sich noch viel anhören, am Ende auch noch fremdenfeindliche Sprüche. Und das hier auf dem Jakobsweg. Der Pilger ist der Fremde – das ist das erste, was man wissen sollte, wenn man sich auf den Pilgerweg begibt. Jetzt reicht es aber, und Franzi lässt sie stehen.

Ich erzähle Julius viel von seinem Großvater. Von unserem langen gemeinsamen Leben, von allen Schwierigkeiten in der DDR, die er als parteiloser Wissenschaftler zu spüren bekommen hat. Und wie trotz allem unser Leben ein gutes Leben mit Familie und unseren vertrauten Freunden war. Ich erzähle von unseren Hoffnungen und der unendlichen Freude über die gewonnene Freiheit 1989. Er kennt dies alles nur aus Erzählungen und hat seinen Großvater vor allem in der Zeit der fortschreitenden Krankheit bewusst erlebt. Und so kommen wir von einem zum anderen. Julius will viel wissen, er ist politisch äußerst interessiert. Das freut mich natürlich.

In Rabanal hoffe ich auf ein Hostel. Ich habe für heute genug und brauche eine ruhige Nacht. Es gelingt mir tatsächlich, ein Zimmer zu ergattern.

Julius will noch weiter aufsteigen nach Foncebadón. Franzi bleibt mit mir in Rabanal. Wir finden eine kleine Sitzbadewanne vor, Franzi nimmt sie gleich in Besitz und ich tue es ihr nach. Immerhin ein warmes Bad. Nach dem kalten und ziemlich strapaziösen Weg ist das einfach eine Wonne. Dann werden die Füße versorgt. Es folgt das übliche Lamentieren – schon wieder neue Blasen! Hört das denn nie auf?

Wir lassen uns in einem richtigen Bett nieder und stehen einfach nicht mehr auf. Selbst Franzi erhebt sich vor dem Abendessen nicht mehr, obwohl es einiges zu sehen gäbe in diesem Ort, der einstmals die letzte Station war, bevor es in die Berge ging.

Vor Wölfen und Räubern wurden die mittelalterlichen Pilgernden gewarnt. In den Pilgerführern wird vor wilden Hunden gewarnt.

Und prompt höre ich die ganze Nacht hindurch Hunde bellen. Hoffentlich kommen sie uns morgen nicht zu nahe!

Aber nicht nur das Hundegebell hindert mich am Schlafen. Meine Gedanken sind bei dem Stein in Julius' Rucksack, den wir morgen am Cruz de Ferro niederlegen wollen, der Stein vom Grab meines Mannes. Die letzten Jahre mit meinem Mann, die Jahre der Krankheit, der Pflege, habe ich auf diesem Weg immer wieder vor Augen. Diesen Alltag mit seinen täglichen Anforderungen konnte ich nur bewältigen, ohne den Schmerz zuzulassen, der mit dem Fortschreiten der Krankheit verbunden war. Viel hatte sich angesammelt an Schmerzen, die mich den Weg über begleiteten, die ich nicht zurücklassen konnte und wollte.

Eine Freundin schrieb mir zum Tod meines Mannes einen wunderbaren Text von Dietrich Bonhoeffer:

Es gibt nichts, was uns die Abwesenheit eines uns lieben Menschen ersetzen kann, und man soll es auch gar nicht erst versuchen; man muss es einfach aushalten und durchhalten; das klingt zunächst sehr hart, aber es ist doch zugleich ein großer Trost;
Denn indem die Lücke unausgefüllt bleibt, bleibt man durch sie miteinander verbunden. Es ist verkehrt, wenn man sagt, Gott füllt die Lücke aus; er füllt sie gar nicht aus, sondern er hält sie vielmehr gerade unausgefüllt und hilft uns dadurch, unsere echte Gemeinschaft – wenn auch unter Schmerzen – zu bewahren. Ferner: je schöner und voller die Erinnerungen, desto schwerer die Trennung. Aber die Dankbarkeit verwandelt die Qual der Erinnerung in eine stille Freude …

Es sind sehr tröstliche Worte. Ja, man muss es einfach erst einmal aushalten. Und waren nicht die letzten schweren Zeiten auch gute Zeiten?

16. September   26 km 🚩

Rabanal del Camino – Molinaseca

So ein Hostel hat doch unbestritten Vorteile. Wir bekommen ein Frühstück, bevor es um 7 Uhr losgeht. Zunächst nach Foncebadón. Wir müssen ordentlich steigen, zunächst bei freundlichem Wetter, aber je höher wir kommen, desto nebliger wird es. Wir sind allein in dieser mystischen Landschaft.

In dem halb verfallenen Foncebadón inmitten der Hochebene treffen wir Julius, der sich in der urtümlichen Herberge offensichtlich ziemlich wohl fühlt. Die Schlafplätze befinden sich im Obergeschoss, die Duschen sind kalt und das Dach ist undicht. Aber die Stimmung ist super. Die Herbergsbetreiber sorgen für das leibliche Wohl, und es hat sich ein internationales Pilgergrüppchen versammelt. Alles erinnert noch an die Zeit, als dieses Dorf ein wichtiger Standort am Jakobsweg war. Einige alte, archaisch anmutende Bauten sind noch zu erkennen, ein Hospital, eine Kirche. Von den wilden Hunden keine Spur, ich bin sichtlich erleichtert.

Nach einem kurzen Anstieg kommen wir zum Cruz de Ferro. Ein steinernes Kreuz krönt einen langen Eichenstamm. Das Kreuz steht auf dem höchsten Punkt des Jakobsweges auf der Hochebene des Monte Irago, 1.504 Meter hoch, umgeben von einem riesigen Steinhaufen.

Zum Ursprung lese ich unterschiedliche Erklärungen. Haben bereits die Kelten diesen Platz für ihre Rituale genutzt? War es ein römisches Wegzeichen? Oder war es ein Grenz-

Duschen kalt,
Dach undicht –
aber super
Stimmung!

Jeder Stein spricht eine andere Sprache.

stein eines mittelalterlichen Gutsherren? Sicher ist, dass seit Jahrhunderten die Pilgernden hier einen Stein niederlegen, den sie von zu Hause mitgebracht haben. Wir stehen vor dem Kreuz, blicken auf die vielen Steine, die mitunter auch Botschaften enthalten. Jeder Stein spricht eine andere Sprache. Welche Last, welche Schmerzen wollten die Pilgernden mit ihrem Stein ablegen?

Tausende von Pilgern, die den Weg gegangen sind, haben an diesem Ort haltgemacht und etwas von sich hinterlassen, nicht nur den Stein.

Wir legen unseren Stein hier ab, den Stein vom Strand der Ostsee, die mein Mann so sehr geliebt hat, dass wir sein Grab mit Ostseesteinen umrandet haben. Jetzt liegt einer dieser

Steine hier neben den vielen anderen. Und das empfinde ich als tröstlich. Ich habe den ganzen Weg hierher immer dieses Kreuz vor Augen gehabt, meinen Schmerz und meine Trauer ausgehalten. Jetzt bin ich hier, lasse die Tränen laufen und habe eigentlich mein Ziel schon erreicht.

Wir sind früh dran und haben diesen Moment noch ganz für uns. Nicht lange, dann kommen vom nahen Rastplatz die Autotouristen, die sich mit viel Lärm gruppenweise fotografieren. Als wir »echten« Pilger mit Rucksäcken als Statisten dienen sollen, begeben wir uns auf den Abstieg über die Höhen der León-Berge. Natürlich darf jeder seinen Jakobsweg oder auch einzelne Stationen erleben, wie er möchte, aber nach Touristenrummel war uns jetzt gerade nicht zumute.

Es ist eine der landschaftlich schönsten Strecken, die jetzt folgt. Zunächst kommen wir an einem skurrilen verlassenen Bergdorf Manjarín vorbei, mit einer einfachen Herberge, die die alte Templertraditionen wieder aufleben lassen will.

Nach der langen Tour über die Meseta mit ihrer gleichförmigen Landschaft genießen wir die vielen Ausblicke über Täler und Höhen. Die Landschaft ist einfach traumhaft, der Weg allerdings ziemlich steil und steinig, Zwischenanstiege inbegriffen. Was soll's, die Stimmung ist leicht und fröhlich. Allerdings melden sich die Zehen energisch. Steile Abstiege sind gerade das, was sie jetzt noch brauchen. Da hilft nur eins – weiterlaufen, nicht nachsehen.

Wir machen in El Acebo Rast, einem kleinen malerischen Bergdorf, das wie viele andere Orte von dem Pilgerboom lebt. Am Ortsausgang treffen wir auf ein Denkmal eines hier 1987 tödlich verunglückten deutschen Radfahrers.

Bei Mountenbikern ist der Jakobsweg offensichtlich zunehmend beliebter. Häufig teilen wir uns mit ihnen den Weg und springen geduldig beiseite, wenn die Biker angebrettert kommen.

Die Landschaft ist einfach traumhaft.

Bis Molinaseca ist es noch ein gutes Stück. Es geht auf kleinen Pfaden durch Esskastanienhaine bergab. Über eine Brücke über den Río Meruelo kommen wir nach dem romantisch in die Landschaft eingebetteten Molinaseca. Am Ufer sind Liegewiesen und im Fluss kann gebadet werden. Julius kann es kaum erwarten. Aber erst muss eine Herberge gefunden werden. Und wir werden fündig: Die Aubergue Compostela entpuppte sich als ein Kleinod. Ein bisschen abseits der Hauptstraße treffen wir auf ein gepflegtes Haus, eigentlich sind es zwei Häuser. Wir beziehen zu dritt ein Vierbettzimmer. Der Duschraum ist abschließbar, das haben wir auf dem ganzen Jakobsweg noch nicht erlebt. Und es gibt eine Waschmaschine samt Trockner. Große Wäsche ist angesagt, dann gehen Julius und Franzi an den Fluss. Julius, ostseegestählt, lässt sich vom kalten Wasser nicht abschrecken.

Ich suche unterdessen die Farmacia. Mein großer Zeh hat inzwischen einen Zustand erreicht, bei dem ich mir ernstlich Sorgen mache, dass sich die Infektion ausbreitet. Der Nagel löst sich, und das Nagelbett ist entzündet. Eine antibiotische Salbe reicht nicht mehr. Ich brauche dringend ein Breitbandantibiotikum. Die üblicherweise ziemlich großzügigen Fachkräfte lassen jedoch nicht mit sich reden. Selbst mein Hinweis, dass ich selbst Apothekerin sei, hilft nicht. Beweisen kann ich es nicht, meine Approbationsurkunde habe ich nicht dabei. Natürlich handelt die Apothekerin richtig: Diese Antibiotika dürfen nicht ohne Rezept abgegeben werden. Trotzdem ärgere ich mich über die Sturheit meiner lieben Kollegin, denn ich habe nicht die geringste Lust, mir einen Arzt zu suchen, nach meinen Erfahrungen in León. Wird mir aber wohl nichts anderes übrig bleiben. Vielleicht finde ich morgen in Ponferrada einen Notarzt.

Wir beschließen den Tag in einem netten Restaurant und bekommen ein wunderbares Pilgermenü mit richtigen Kartoffeln (!) statt Pommes frites. Wir stellen fest, dass das Pilgermenü besser wird, je weiter wir nach Westen kommen. Na, das habe ich doch in meiner langen DDR-Vergangenheit gelernt – im Westen ist einfach alles besser!

»Wo schmeckt das Brot am besten? – Im Westen, im Westen. Doch wir kämpfen für den Frieden hienieden, hienieden und auch für unsern Plan, bis dass wir's dicke han!« – war einer unserer Sprüche.

Blutwunder und Mystik der Berge

Es wird eng auf dem Camino

17. September

32 km

Molinaseca – Villafranca del Bierzo

Wir haben eine lange Tour vor uns. Ich will meine Füße schonen und beschließe, die Strecke bis Ponferrada, die ohnehin nur an der Straße entlangläuft, mit dem Bus zu fahren. Das Bussystem ist kompliziert. An manchen Haltestellen kommt ein Bus nur nach telefonischer Anmeldung. Molinaseca liegt an der Hauptstraße nach Ponferrada, da hält ein Bus, erfrage ich in der Herberge. Ich warte und warte – und beschließe dann doch zu laufen. Kaum bin ich losgelaufen, kommt natürlich der Bus und nimmt mich noch freundlich außerhalb der Haltestelle mit. Ich steige in der Nähe der Templerburg aus. Die Festung aus dem 13. Jahrhundert hat auch zum Schutz der Jakobspilger gedient. Ich sehe eine Burg vor mir wie aus dem Bilderbuch. Julius wird sich sicher an »Ritter Rost« erinnern, eines der schönsten Kinderbücher. Ein Ritterspektakel kann ich mir hier gut vorstellen.

Zeugnisse des Templerordens finden sich an einigen Stellen des Jakobsweges. Ich erinnere mich an die Kirche in Puenta la Reina, die Pfarrkirche in Rabanal ...

Der Templerorden, deren eigentlicher Name lautet: »Arme Ritterschaft Christi vom Salomonischen Tempel«, wurde 1119 in Jerusalem gegründet, mit dem Ziel, das Heilige Land vor den Muslimen zu schützen. Viele Mythen und Geschichten ranken sich um die Templerorden. Nachgewiesen ist, dass die Templer, gerufen von spanischen Königen, bei der Reconquista, der Rückeroberung Spaniens, gegen die Mauren kämpften. 1307 erfolgte die Auflösung des Templerordens.

Richtung Zentrum laufend, versuche ich halbherzig, eine Arztpraxis zu finden. Mit Englisch habe ich nur bei den Schulkindern Glück, die aber nicht die richtigen sind, um mir eine geeignete Arztpraxis zu nennen.

Ponferrada ist eine quirlige Stadt, nichts hält mich hier. Ich habe das Gefühl, mich verlaufen zu haben. Kein Pilger, kein Rucksack, nur geschäftiges Treiben. Ich will noch nicht zurück in diese Welt und nehme mir ein Taxi, um schnell wieder auf meinen Weg zu kommen. Ich fahre bis kurz vor Villafranca de Bierzo, laufe durch hügelige Weinberge und komme schon früh an. In einer am Fluss gelegenen Herberge habe ich am Morgen ein Zimmer reserviert. Und jetzt habe ich wirklich Zeit, um mich gemütlich auf der Plaza Mayo in ein Café zu setzen. Natürlich kommt ein bekannter Pilgerbruder vorbei: Erik, der Norweger, der heute noch weiter will.

Nachdem ich Julius eine E-Mail geschrieben habe, wo wir heute schlafen werden, bummele ich durch das Städtchen. »Klein-Compostela« nannten die Pilger im Mittelalter diesen Ort. Hier konnten erkrankte Pilger, die nicht mehr weiterkonnten, nach Durchschreiten der Nordpforte der romanischen Iglesia de Santiago bereits die Absolution erhalten. Ein weiter Weg über Berge mit kräftigen Anstiegen musste noch gegangen werden. Es waren vor allem Benediktinermönche, die aus Frankreich kamen und sich der kranken Pilger annahmen. Der Name des Ortes verweist auf die französischen Wurzeln. Im Pilgerfriedhof nebenan findet man Gräber von Pilgern, die es nicht weiter geschafft haben. Die kleine Stadt ist reich an Kirchen, Klöstern, Palästen, Bürgerhäusern. Beeindruckend ist die wehrhafte Burg des Marques de Villafranca aus dem 15. Jahrhundert.

Am späten Nachmittag mache ich mich auf den Weg in die Herberge, über eine romantische Brücke hinweg. Julius kommt allein an, Franzi hat schon früher eine Herberge gesucht. Ihm ging es in Ponferrada auch nicht viel besser als mir. Der Weg war offensichtlich nicht leicht zu finden. Nach der Templerburg wurde es unübersichtlich und nervte. Jetzt ist er froh, hier gelandet zu sein.

Ankommen am Nachmittag in einer Herberge – müde, hungrig, von innen oder von außen nass – gehört zu den besonderen Momenten auf dem *Camino*. Ich gehe früh los und weiß nicht, wo ich am Abend mein Bett finden werde, das für eine Nacht mein Platz sein wird. Aber wir wissen sicher, dass wir eine Herberge finden werden, die uns aufnimmt. Wir wissen sicher, dass wir irgendwo in der Nähe ein Pilgermenü bekommen werden. Und wir können sicher sein, freundlich empfangen zu werden, willkommen zu sein. Was ist das für ein Glück. Wie dankbar bin ich. Umso bedrückender das Wissen um die vielen Menschen auf der Flucht, die nicht wissen, ob sie überhaupt irgendwo ankommen werden, und die nicht auf einen freundlichen und verständnisvollen Empfang rechnen können nach allem Erlebten. Sind es nicht die »Fremden«, die wir aufnehmen sollen?

Ich will noch einmal einen Versuch machen, einen an meinen Zehen interessierten Arzt zu finden. Die Herbergsbetreuerin gibt mir den Rat, in die städtische Ambulanz zu gehen. Sie sei besonders zu empfehlen. Na gut, schließlich sind noch mehr als 200 Kilometer zu laufen, und das Leben geht nach dem Jakobsweg auch weiter.

Ich bringe Julius dazu, mich zu begleiten. Er hatte immerhin in der Schule Spanisch belegt und kann mir bei der Verständigung behilflich sein. Ich habe nicht die Hoffnung, auf einen englischsprechenden Arzt zu treffen. Es ist Sonnabend, früher Abend, die Ambulanz hat geöffnet, und ich werde auch als Patientin angenommen. Ein vornehmer älterer Arzt besieht sich meine Füße und schüttelt den Kopf. Er hört damit während der ganzen Behandlung nicht auf und seufzt ständig »ojeojeojeh« vor sich hin. Vielleicht sollte ich ihn trösten, »ist doch nicht so schlimm«. Aber sorgsam nimmt er sich Zeh um Zeh vor, desinfiziert, salbt und verbindet. Jetzt müssen wir ihn aber noch überzeugen, dass ich ein Rezept für ein Antibiotikum brauche. Das ist das wichtigste an meinem ganzen Arztbesuch. Julius gelingt es mit einiger Mühe. Man nimmt es hier mit der restriktiven Antibiotikaverordnung ernst. Das ist ja im Prinzip richtig, nur brauche ich jetzt den Schutz; schließlich will ich nicht zu den Pilgerinnen gehören, für die hier Schluss ist mit dem *Camino*, auch wenn es nicht gleich auf den Pilgerfriedhof geht.

Ich bekomme mein Rezept und wir ziehen zufrieden ab. Ich muss die Behandlung nicht einmal bezahlen und erfahre, dass die kommunalen Ambulanzen registrierte Pilger und Pilgerinnen kostenlos behandeln. Lediglich mein Ausweis wird verlangt.

Nun nur noch in die Apotheke. Meine Tabletten muss ich bezahlen, bei den niedrigen Preisen in Spanien kein Problem.

Im Städtchen gibt es irgendeine Feier. Wir können nicht herausbekommen, was der Anlass ist. Es reicht auch für heute. Wir begnügen uns mit einem Abendessen aus den Vorräten im Rucksack. Und es findet sich sogar eine Büchse Bier ein.

18. September 23 km 🚩

Villafranca del Bierzo – La Faba

Der Arzt hat mir dringend geraten, mindestens drei Tage zu pausieren. Was nun? Wir wollen nicht drei Tage in Villafranca bleiben, wollen doch weiterkommen – und natürlich zusammen in Santiago ankommen.

Vor uns liegt der *Camino duro* mit kräftigen Anstiegen. Er sei nur für gute Wanderer mit Bergerfahrung geeignet, schreibt der Pilgerführer, und die meisten, die ihn gegangen sind, berichten auch von einer harten Tour. Als Alternative gibt es einen Weg überwiegend auf Asphaltstraßen, oberhalb die Autobahn. Julius entscheidet sich natürlich für den *Camino duro*. Ich wäre ihn schon gern gegangen, denke aber an den ärztlichen Rat, mache aus den drei Tagen Pause einen Tag – und lass mich bis La Faba fahren. Morgen will ich dann wenigstens noch ein Stück des *Camino duro* bis O Cebreiro laufen.

Julius erzählt mir am Abend von der Schönheit dieses Weges, den weiten Blicken, die Esskastanienwäldchen und die malerischen Orte und Weiler. Und er berichtet über die Gefühle, die sich ausbreiten, wenn man stundenlang keinen Menschen trifft. Die Fotos müssen mich entschädigen.

Ich fahre am Vormittag nach La Faba und komme in einer Traumlandschaft an. Die Herberge wird von einem württembergischen Trägerverein geführt, der sich auch um die Restaurierung der romanischen Kirche St. Andreas und der Herberge, einem ehemaligen Hospital, verdient gemacht hat.

Es ist ein besonderer Ort, mit einer geradezu magischen Atmosphäre.

Das Ensemble aus Kirche, Pilgerherberge und mittelalterlicher Umfriedungsmauer steht, umgeben von Esskastanien, auf einer kleinen Anhöhe abseits des kleinen Weilers. Vor der Herberge steht eine lebensgroße Pilgerfigur. Schon in keltischen Zeiten war dieser Platz bewohnt. Im mittelalterlichen Pilgerführer »Codex Calixtinus« wird La Faba als »Al Fawwar«, die »Quelle«, aufgeführt, erklärt mein Pilgerführer. Die Quelle existiert noch heute. Ein schöner Brunnen begeistert die ankommenden Pilger, vor allem deren geschundene Füße.

In der restaurierten Kirche, die nach einem Erdbeben große Schäden erlitten hatte, zünde ich eine Kerze für die Spender an, die es ermöglicht haben, an diesem Ort alles ablegen zu können, was die innere Ruhe stört. Ich hadere nicht mehr mit meinen Füßen, die mir dieses Innehalten diktiert haben.

Es ist ein besonderer Ort, an dem ich mich hier befinde, mit einer geradezu magischen Atmosphäre, der ich mich nicht entziehen kann. Noch sind keine Pilger in Sicht, die werden erst am Nachmittag eintreffen. Ich liege auf der Wiese mit Blick auf die umliegenden Hügel. Lediglich Kuhglocken sind zu hören. Sie unterstreichen eher die Stille, als dass sie stören.

Die Auswirkungen der Reformation hatten sicher einen beträchtlichen Anteil am Rückgang des Interesses an Pilgerfahrten. Martin Luther kritisierte die Heiligen- und Reliquienverehrung, die Mittlerrolle der Heiligen grundsätzlich. Ihm ging es darum, klar zu machen, dass Christen keine Vermittlung zu Gott brauchen. Die Heiligen- und Reliquienfrömmigkeit basiere auf Legenden und Tradition. Pilgern und Wallfahrten bezeichnete er als »Narrenwerk«. Das Pilgern in Verbindung mit Ablasshandel konnte er schon gar nicht billigen. Er bezweifelte die Echtheit der Gebeine und meinte, wie Jakobus nach Spanien gekommen sei, könne biblisch nicht belegt werden, und man wüsste nicht, ob der heilige Jakob oder ein toter Hund oder ein totes Pferd da begraben liege.

Der ewige Pilger

Mir kommt das Brahms-Lied »Feldeinsamkeit« in den Sinn, und ich singe es vor mich hin:

Ich ruhe still im hohen grünen Gras
Und sende lange meinen Blick nach oben,
Von Grillen rings umschwirrt ohn' Unterlass,
Von Himmelsbläue wundersam umwoben.

Die schönen weißen Wolken ziehn dahin
Durchs tiefe Blau, wie schöne stille Träume;
Mir ist, als ob ich längst gestorben bin,
Und ziehe selig mit durch ew'ge Räume.

Kann man es schöner ausdrücken?

Viele, viele Male haben wir das zusammengehört, mein Mann und ich. Ich kann daran denken. Ohne Schmerz.

Der Weiler besteht aus nur wenigen Häusern und einer Bar, wie sich hier alle kleinen Cafés nennen, die einen kleinen

Imbiss anbieten. Dazu kommt ein Lebensmittellädchen und eine alternative Herberge. Hier bekomme ich einen frischen Saft. Junge Leute, die aus dem Alltagstrott aussteigen wollten, haben diese Mini-Welt geschaffen, in der sich die auf dem harten *Camino duro* vorbeiziehenden Pilger ein Weilchen erholen können.

Ich setze mich in die Bar und bestelle einen Salat. Ich sitze nicht lange allein. Song kommt herein und hat Zeit für einen nur kurzen Plausch. Er will noch eine lange Strecke gehen. Wir tauschen uns aus über den Zustand unserer Füße, wünschen *buen camino* – und weg ist er. Ich bin mir sicher, ihn nicht das letzte Mal getroffen zu haben.

Am Nachmittag treffen die Pilger ein, Julius ist unter ihnen. Er berichtet, dass der Weg nicht so gruselig gewesen sei, wie immer beschrieben. Nun hat er als sportlich durchtrainierter Rugby-Spieler sicher andere Maßstäbe. Bisher war er aber mit meinen Laufleistungen ganz zufrieden. Darauf bin ich natürlich stolz.

Am Ende einer jeden Tour bin ich allerdings auch immer am Ende meiner Kondition und überlasse meist Julius das Einkaufen.

Die Herberge ist, wie kann es anders sein, schließlich ist sie in schwäbischen Händen, angenehm. Ehrenamtliche Deutsche kümmern sich um die Pilger und Pilgerinnen. Es gibt eine große, gut ausgestattete Küche. Ich gehe einkaufen und koche für uns – natürlich Spaghetti, diesmal aber mit einer ordentlichen Portion Schinken.

Auf der Wiese verteilen sich jetzt die Ankömmlinge, lesen, schreiben, telefonieren und unterhalten sich. Wir sind mal wieder »Großmutter und Enkel«.

Hier gibt es kein WLAN, was selten vorkommt. Die meisten Herbergen sind auf die Smartphone-Pilger eingestellt. Ich bin keine Ausnahme. Heute muss ich unbedingt wissen, wie die Wahlen in Berlin ausgegangen sind. Zum Glück kann ich telefonieren. Glücklich hat mich das Ergebnis allerdings nicht gemacht.

19. September $\qquad$ 25 km 🚩

La Faba – Triacastela

Jetzt bekomme ich doch noch ein ordentliches Stück des *Camino duro* unter die Füße. 400 Höhenmeter sind bis O Cebreiro zurückzulegen. Also heißt es erst einmal ordentlich steil bergan durch Kastanienwälder. Zum Wehklagen kommen wir nicht, bald schon sind wir im freien Gelände und haben herrliche Ausblicke über Wiesen und sanfte Berge, zurück bis in den Talkessel von Villafranca. Am Wegesrand Ebereschen voll in der roten Beere, blühendes Heidekraut – und viel, viel Grün.

Bei schönstem Wetter kommen wir an die Grenze zu Galicien. Santiago ist jetzt nicht mehr fern. Alle Wegweiser zeigen nun die Entfernung bis Santiago an. Das Ziel ist nahe.

Wir erreichen bald O Cebreiro, ein denkmalgeschütztes Dorf, einer der ältesten Orte am Jakobsweg, wo Pilger nach dem langen, anstrengenden Aufstieg bei Wind und Wetter Unterkunft fanden. Bereits im 9. Jahrhundert sollen hier Benediktinermönche die Pilger versorgt haben. Aus dieser Zeit stammt auch die Kirche Iglesia Santa María la Real. Mich beeindruckt besonders eine Marienskulptur aus dem 12. Jahrhundert, die auf einem Podest an der Wand steht. Wohl kein Pilger, aber auch keiner der Touristen, die hier reichlich anzutreffen sind, kann sich der Atmosphäre dieses Ortes entziehen.

Die Iglesia Santa María la Real ist die älteste Kirche am Jakobsweg. Die Legende berichtet, dass sich darin um 1300 ein »Blutwunder« ereignet habe. Ein frommer Bauer hatte sich den steilen Weg hinauf zur Kirche gequält, um die Messe zu feiern. Er war der einzige Besucher der Kirche. Der unwillige Mönch, so wird es beschrieben, habe bei sich gedacht, dass es ein Dummkopf sein müsse, der den Weg für das Stückchen Brot und ein bisschen Wein auf sich genommen habe. In diesem Moment habe sich Hostie und Messwein in echtes Fleisch und Blut verwandelt.

Kelch und Patene sind in der Kirche ausgestellt. Der »galicische Gral« ziert das Wappen von Galicien. Über »Blutwunder« wurde im 14. Jahrhundert häufig berichtet.

Immer wieder sind es die schlichten Kirchen, vor allem die romanischen, hier sogar eine vorromanische, von denen ich mich schwer trennen kann. Julius fragt mich, warum ich gerade diese Kirchen so liebe. Ich denke, es ist die Ruhe, die Einladung zur Stille, die von dieser Architektur ausgeht und dem Verzicht auf alles, was ablenkt. Der Blick wird auf das Kruzifix gelenkt. Ich bin in einer Kirche, die sich mir zuwendet und nicht in ihrer ganzen Pracht und Macht bewundert werden will.

Das »Blutwunder« bringt mich ins Grübeln. Was kann ich eigentlich in meinem Leben als »Wunder« bezeichnen?

Also nicht nur »Glück gehabt«. Es ist die Friedliche Revolution. Plötzlich wurde möglich, woran wir alle in der DDR nicht mehr geglaubt haben. Zwar hatten wir eine Demokratisierung erhofft und erwünscht, aber es noch im Sommer 1989 nicht für möglich gehalten. Doch es wurde möglich, Menschen verloren Stück für Stück ihre Angst, ihre Resignation, gewannen ihren aufrechten Gang zurück. Das zu erleben, war »wunder«voll. Moderne Menschen reden nicht von Wundern. »Wahnsinn« ist das Wort für alles, was da geschah.

Mein mitpilgernder Enkel Julius mault vor sich hin. Es geht auf und ab auf kleinen Sträßchen zum Alto de San Roque. Auf der höchsten Stelle stemmt sich ein bronzener Pilger gegen Wind und Regen. Uns geht es besser. Das Wetter ist zum Laufen ideal, und wir genießen die herrlichen Blicke. Im Weiler Hospital da Condesa machen wir kurz Rast. Eine Kirche mit

Pallozas, alte elliptische Steinhäuser mit Strohdach, prägen das Dorf O Cebreiro. Mensch und Tier lebten hier gemeinsam unter einem Dach. Bis 1960 sollen sie noch bewohnt gewesen sein. Dieser Bautyp beruht auf uralten Vortypen, ein Museum gibt darüber Auskunft.

Neben der Kirche Iglesia Santa María la Real befindet sich eine Büste von Elías Valiña Sampedro, sein Grab in der Kapelle, die den Benediktinern als Gründern der Kirche gewidmet ist. Kein Pilger sollte achtlos an seiner Büste vorübergehen, war doch Sampedro, zwischen 1959 und 1989 Pfarrer in O Cebreiro, maßgeblich an der Wiederbelebung des Jakobsweges beteiligt. Auf ihn geht der gelbe Pfeil zurück. Er markierte weite Strecken des *Camino Francés* neu und verfasste den ersten modernen Pilgerführer des Jakobsweges. Millionen von Pilgern sind seither seinen Pfeilen gefolgt und sicher in Santiago angekommen.

Wir fühlen uns wie aus
der Zeit gefallen.

Glockenturm hat es uns angetan, alte Häuser aus Bruchstei-
nen, ein Brunnen. Wir fühlen uns wie aus der Zeit gefallen.
Dann kommen wir aber noch einmal ordentlich ins Schnau-
fen, als wir zum Alto de Polo hinaufsteigen – und das auch
noch auf einer Asphaltstraße. Ein Restaurant auf der Höhe
rettet uns. Ich kann meinen Kalorienbedarf wieder mit süßen
Getränken decken.

Ab jetzt geht es nur noch bergab, mit schönen Aussichten über das galicische Bergland und auf guten Wegen.

Die Landschaft hat sich gewandelt: Das feuchte und regenreiche Klima Galiciens sorgt für viel Grün. Wir treffen auf etliche Steinkreuze am Weg.

Trotz aller Schönheit um uns herum ist Julius noch immer mürrisch.

Was ist los? Es klärt sich auf. Julius hat von der Enkel-Rolle genug, will nicht immer nur als Enkel angesehen werden. Es ist einfach Zeit, dass wir uns wieder an unsere Absprache erinnern, dass jeder auch seinen eigenen *Camino* gehen kann. Wir sollten uns trennen und uns vor Santiago wieder treffen. Julius möchte gern im Freien übernachten. Darauf kann ich gut verzichten, die Pilgerherbergen sind für mein Alter gerade gut genug. Ich möchte gern auf dem letzten Wegstück erfahren, wie es ist, allein die nächsten Etappen zu gehen.

So wollen wir es nun machen.

In Triacastela finden wir eine nette Herberge in einem alten Steinhaus und bekommen sogar ein Zweibettzimmer.

Nach einer Ruhepause suchen wir ein Restaurant und finden eine wunderbare Restaurant-Straße. Und ein gutes Pilgermenü gibt es auch! Ich esse ein zartes, gegrilltes Rindersteak und als Nachtisch Frischkäse mit Quittenbrot, eine Spezialität der Region – schmeckt fantastisch. Dazu *Calimocho*, an den ich mich langsam gewöhne.

Ab morgen werden Julius und ich getrennt laufen und uns vor Santiago treffen.

Ich lege mich früh aufs Ohr, die nächste Tour wird lang. Julius trifft sich noch mit Franzi und Song.

Triacastela – Sarria (über Samos)

Die Tage werden doch schon merklich kürzer. Wir wünschen uns *buen camino* und auf geht es. Zwei Wege führen von Triacastela nach Sarria. Der einige Kilometer längere führt am Kloster Samos vorbei, das ich gern sehen möchte.

Die Stimmung am frühen Morgen ist eigenartig, fast mystisch. Nebelschleier hängen in den Bäumen. Die kleinen Weiler mit den alten Steinhäusern sehen verwunschen aus. Schöne Waldwege kann ich gehen, ohne einen einzigen Pilger zu treffen.

Die meisten bevorzugen offensichtlich den wesentlich kürzeren, auch reizvollen Weg.

Mächtig liegt das Kloster Samos in einem grünen Tal. Die Gründung geht auf das 5./6. Jahrhundert zurück, erhalten ist noch eine kleine Saalkirche aus dem 9./10. Jahrhundert, auch einige romanische Teile. In der wechselvollen Geschichte der

Die Stimmung am frühen Morgen ist mystisch.

Jahrhunderte wurde viel an dem Klosterkomplex gebaut. Vor dem Klostereingang treffe ich – Julius, der auch den längeren Weg gegangen ist. Großes Gelächter. Wir wollen natürlich das Kloster besichtigen, das ist mit Führung möglich. Verheißungsvoll fragt ein Mönch, ob wir Englisch sprechen. Wir hoffen natürlich auf eine englische Führung oder einen Audioguide. Das ist eine vergebliche Hoffnung – Spanisch müsste man eben können. Nun ist Galicisch wohl dem Portugiesischen näher als dem kastilischen Spanisch. Für mich ist das egal, da ich beides nicht verstehe.

Julius bekommt einiges mit und dolmetscht. Aber am Ende sind sowieso die Architektur, die Stimmung der einzelnen Gebäude und Räume, die Harmonie, die Ausmalungen und Skulpturen das, was in Erinnerung bleibt. Und in meiner Erinnerung bleiben vor allem die Kreuzgänge, ein kleiner gotischer und ein riesiger zweistöckiger Kreuzgang aus dem 18. Jahrhundert.

Eine kleine Gemeinschaft von Mönchen lebt im Kloster und gibt sich offensichtlich auch gefährlichen Tätigkeiten hin. Nicht immer mit der nötigen Sachkunde. 1951 gab es einen großen Brand, ausgelöst beim Schnapsbrennen. Ein Tank reinen Alkohols war in die Luft geflogen. Der Schaden war groß, auch die Bibliothek war betroffen. Ich habe versucht, herauszubekommen, ob immer noch Schnaps gebrannt wird, aber keiner wollte mich verstehen.

Nach der Besichtigung gehen wir erst einmal gemütlich frühstücken und dann: *buen camino*. Ich bin sicher, wir werden uns noch häufiger treffen.

Es folgt ein langer, einsamer, landschaftlich reizvoller Weg. Hier muss ich aufpassen, die gelben Pfeile oder die Pilgermuscheln nicht zu übersehen.

Mächtig liegt das Kloster Samos in einem grünen Tal.

Sonst sind immer so viele Pilger unterwegs, dass man sich einfach nicht verlaufen kann. Ist man sich unsicher, ob man noch auf dem richtigen Weg ist, ist es am besten, sich auf den nächsten Stein zu setzen und zu warten. Kommt in den nächsten fünf bis zehn Minuten kein Pilger und keine Pilgerin vorbei, ist es nicht der richtige Weg – und der Rückmarsch ist angesagt.

Auf dieser Strecke ist es nicht so. Dafür kümmert sich der heilige Jakobus selbst um die herumirrenden Pilger. Mir erscheint er in Person einer sehr alten Dame, die vor einem alten Häuschen sitzt und mich mit ihrem Stock und lauten Rufen vor dem Verlaufen bewahrt.

Aber dann kommen doch noch die Hunde, die mich in Foncebadón verschont haben. Eine Schafherde kommt mir mit Schäfer und einer Menge Hunde, es müssen mindestens vier gewesen sein, entgegen. Ich rechne mich nicht zu den ängstlichen Menschen – aber bei Hunden verlässt mich jeglicher Mut.

Jedenfalls war die grausliche Situation wieder da, die ich erlebte, als ich vor vielen Jahren mit meinem Mann im Rila-Gebirge wanderte. Unser Wanderweg führte mitten durch eine Schafherde. Kein Hirte war weit und breit zu sehen. Dafür kamen mehrere Hunde angetrabt, umkreisten uns knurrend und mit angespannter Körperhaltung, absprungbereit. »Nicht weglaufen«, rief mir mein Mann zu und packte seinen Wanderstock fester. Endlich erhoben sich die Hirten aus dem Gras. Sie hatten ihren Spaß gehabt – und die Hunde wohl ebenso. Ich jedoch hatte keinen mehr auf dem ganzen schönen Weg. Ich hielt nur Ausschau nach Schafherden und bin lieber riesige Umwege gelaufen, als wieder einer Schafherde zu nahe zu kommen.

Jetzt also das Déjà-vu. Was machen? Ausweichen geht nicht. Links vom Weg die Wiese und die Schafe, rechts ein unwegsamer Hang. Also erst einmal abwarten, vielleicht kommt Rettung. Und sie kommt in Form eines Pärchens, beide jung, er hat offensichtlich Probleme mit dem Laufen. Lieber die Angst gestehen, als von den Hunden angefallen zu werden, denke ich mir, und spreche die beiden an. Sie nehmen mich in die Mitte, und der junge Mann erklärt, er könne zwar nicht rennen, habe aber einen großen Stock. Wir gehen gemeinsam weiter, und dann – kurz bevor wir die Schafherde erreicht haben – biegt der Schäfer auf die Wiese ab. Wir blicken uns an – ist das jetzt peinlich oder komisch? Zum Glück haben die beiden Humor. Ich treffe sie in den nächsten Stunden noch mehrmals in den Bars. Es gibt jedes Mal ein großes Gelächter, »no dogs«. Ich kann mir lebhaft vorstellen, wie sie die Situation schildern werden. »Da war da eine ältere Pilgerin, die den ganzen Jakobsweg mit Rucksack läuft, und dann traut sie sich nicht an einer Schafherde vorbei.«

Endlos lang zieht sich der Weg nach Sarria neben der Straße hin.

Es ist wieder ein heißer Tag, und meine Füße melden sich energisch. Inzwischen habe ich vier Zehennägel verloren. Die Blasen in den verschiedenen Entwicklungsstadien nehme ich gelassen hin. Auf der Suche nach einem Hostel lande ich in der hässlichen Unterstadt. Über mir thront die Oberstadt, der ältere Teil. Über eine endlose Treppe gelange ich hinauf und suche mir ein Nachtquartier. Die erste Herberge, die ich anlaufe, ist ausgebucht, die Pension daneben nicht sonderlich einladend.

Ich bin schon gewarnt worden, dass ab Sarria der *Camino* voll wird. Es sind nun nur noch 100 Kilometer nach Santiago – und das ist genau die Weglänge, die ausreicht, um als Pilger zu Fuß in Santiago das Zertifikat zu erlangen. Die Bikerpilger müssen die letzten 200 Kilometer zurückgelegt haben. Also sind jetzt viele Pilger unterwegs, die nicht den ganzen Jakobsweg gehen können oder wollen, aber das Zertifikat mit nach Hause bringen möchten. Ob als Zusage des Sündenerlasses oder auch als Trophäe, die man haben muss, wer weiß.

Es ist wenig darüber bekannt, wie es um das Pilgern von Frauen im Mittelalter bestellt war. Dass es mit Sicherheit keine einfache Unternehmung war, liegt nahe, nach allem, was wir vom mittelalterlichen Frauenbild wissen.

Während Wallfahrten zu nahe gelegenen Kirchen oder Klöstern, die Reliquien aufbewahren, für Frauen zum traditionell-religiösen Leben gehörten, war der Anteil von Frauen an Fern-Pilgerreisen gering. Die Historikerin Andrea Rottloff schätzt den Anteil auf höchstens zehn Prozent. Gepilgert wurde vor allem nach Jerusalem, Rom und Santiago de Compostela. Das Frauenbild des Mittelalters bestimmte auch die Regeln für Pilgerinnen.

Jeder und jede hat schließlich seine ganz persönlichen Gründe dafür, den Pilgerweg zu gehen. Die einen erwarten spirituelle Erfahrungen. Sie sind auf der Sinnsuche, wollen Klarheit über ihren Lebensabschnitt gewinnen und hoffen, dass der alte Pilgerweg ihnen dazu verhilft. Andere suchen die sportliche Herausforderung, haben touristische Interessen oder was auch immer.

Menschen aus vielen Ländern treffe ich auf dem Jakobsweg. Nicht nur Europäer, auch Nord- und Südamerikaner, Asiaten, vor allem Koreaner. Nicht nur Junge sind unterwegs, auch viele Menschen, die in den Ruhestand gewechselt sind und den neuen Lebensabschnitt aktiv beginnen wollen.

In der Statistik sind alle in Santiago auf allen Pilgerwegen ankommenden Pilger und Pilgerinnen erfasst, ob zu Fuß, per Rad oder auch per Pferd und unabhängig davon, wo sie gestartet sind.

278.000 Pilger und Pilgerinnen sind 2016 auf unterschiedlichen Wegen in Santiago angekommen. Die größte Gruppe stellten die Spanier (45 Prozent), gefolgt von Italienern (16 Prozent) und Deutschen (14 Prozent). Die meisten Pilger starteten in Sarria (26 Prozent), in Saint-Jean-Pied-de-Port waren es immerhin zwölf Prozent.

Die Statistik für 2016 gibt an, dass nahezu genauso viele Frauen wie Männer auf dem Jakobsweg gepilgert sind. Ich treffe unterwegs etliche Frauen, auch eine große Anzahl, die allein unterwegs sind. Die Altersgruppe der Endzwanzigerinnen ist stark vertreten, fällt mir auf. Dann kommt eine große Lücke – und erst auf die Altersgruppe 60plus treffe ich häufiger.

Ich hatte den löblichen Vorsatz, noch weiter zu laufen, um nicht in Sarria auf Quartiersuche gehen zu müssen, aber die Reserven waren aufgebraucht.

Nach einiger Sucherei finde ich dann doch noch eine Herberge gegenüber der Kirche, die Platz hat. Ich muss dringend ein paar Badelatschen kaufen. Einer ist mir abhanden gekommen, und ohne Badeschlappen sollte man die Duschräume besser nicht betreten. Ich werde fündig und treffe dabei Kristina aus Zwickau. Wir essen zusammen. Sie will noch bis nach Fisterra laufen. Ihr Ehemann geht zur gleichen Zeit den portugiesischen Jakobsweg. In Santiago gibt es dann das Familientreffen. Das kann ich mir ganz spannend vorstellen.

Später setze ich mich in ein Café und plane die nächsten Tage sowie den Rückflug. Die Erde hat mich langsam wieder.

In Berlin hatte ich gedacht, ein paar Ausruhtage am Meer an den Jakobsweg dranzuhängen, und in Muxía ein Hostel für Julius und mich gebucht. Das ist doch keine gute Idee, merke ich nun. Die Badesaison ist eindeutig vorbei und das Wetter mäßig. Ein Stündchen am Strand faulenzen und noch einmal die letzten Wochen vorüberziehen zu lassen, das hatte ich mir gewünscht. Damit wird es nichts und gelaufen war ich schon genug. Also storniere ich die Buchung in Muxía. Es gelingt mir auch, meinen Rückflug umzubuchen. Ein paar Tage in Santiago will ich mir aber gönnen. Julius will noch weiter laufen – ans Ende der Welt.

21. September
25 km

Sarria – Portomarín

Jetzt wird es wirklich voll auf dem *Camino*. Gruppen von Kindern und Jugendlichen sind altersgemäß vergnügt und laut auf dem Weg. So ist es eben. Die langen Strecken der Stille sind vorbei. Auf einem schönen Waldweg geht es hinauf nach Barbadella. An Dörfern und Weilern geht es vorbei bis Ferreiros, wo ich eine Pause einlege. Die Wegweiser nach Santiago zeigen jetzt die noch zu laufenden Kilometer an. Das Ziel ist nahe, und ein bisschen Wehmut wandelt mich an. Ich kann mir schon gar nicht mehr vorstellen, morgens nicht den Rucksack zu schultern.

Die Strecke ist ländlich und anheimelnd. Portomarín ist schon bald zu erkennen. Das heißt aber nicht, dass das Ziel schnell erreicht ist. Erst einmal zum Fluss hinunter und an den Stausee. Auf einer Brücke kann der See überquert werden. Eine Treppe führt hinauf zur Stadt. In einer Pension finde ich ein Zimmer. Hier kann ich noch einmal Wäsche waschen und für die letzten Etappen auftanken.

1962 wurde der Río Miño aufgestaut. Der alte Brückenort Portomarín sowie andere Orte, Brücken und ganze Wälder wurden überflutet. Die wichtigsten Gebäude des Ortes hatte man abgebaut, um sie am neuen Standort auf den Terrassen oberhalb des Stausees wieder aufzubauen. Die kleine romanische Kirche San Pedro steht auf dem neuen Hauptplatz, auch einige Adelssitze und vor allem die Wehrkirche San Nicolas. Stein für Stein wurden die Gebäude abgetragen, um sie neu aufzubauen. Auch Reste der romanischen Brücke sind zu sehen.

Ich setze mich in ein Restaurant unter den Arkaden gegenüber der Kirche und bestelle mir eine Pizza und ein Bier und warte – darauf, dass ich Song wiedertreffe. Noch fast immer habe ich ihn an den Etappenzielen getroffen. Und tatsächlich sehe ich ihn in die Kirche eilen. Jetzt bin ich beruhigt und begebe mich in meine Pension. Morgen muss ich aufholen, was ich in den letzten beiden Tagen nicht gelaufen bin.

Unverheiratete Frauen durften nur in Begleitung männlicher Verwandter, einer Gruppe oder von Klerikern die Pilgerreise unternehmen. Bei verheirateten Frauen war die Zustimmung des Ehemannes nötig. Witwen benötigten die Erlaubnis des Gemeindepfarrers. Die Geistlichkeit, einschließlich Martin Luthers, stand den pilgernden Frauen skeptisch gegenüber. Sie war der Meinung, dass der Wunsch nach Pilgerreisen den Frauen »mit Schlägen ausgetrieben« werden sollte.

Den Frauen wurde nahegelegt, Pilgerfahrten »im Geiste« zu unternehmen, das heißt als Ersatz für die Pilgerreise eine entsprechende Anzahl von Gebeten zu sprechen. Der Ulmer Dominikanermönch Felix Fabri verfasste 1492 eine »stilisierte geistige Pilgerfahrt« nach Rom, Jerusalem oder Santiago.

Das Ziel ist nahe,
und ein bisschen
Wehmut wandelt
mich an.

Pilgerinnen waren in höherem Maße Gewalt ausgesetzt als männliche Pilger. Über Gefangen-
nahme von Frauen wird berichtet, um Lösegeld
zu erpressen. Aus Sicherheitsgründen verkleide-
ten sich viele als Männer.

Trotz allem waren es nicht wenige Frauen, die
sich an Kreuzzügen beteiligten, die als Pilgerfahrten galten. In der Regel waren sie die Beglei-
terinnen der Männer. Kreuzfahrer wurden als
»pilgernde Ritter Gottes« bezeichnet. Die meisten Kreuzfahrerinnen gerieten in sarazenische
Gefangenschaft oder überlebten die Kreuzfahrt
nicht.

»Stärker als Männer und tapferer als Ritter«
heißt der Titel des Buches von Andrea Rottloff
über Pilgerinnen in Spätantike und Mittelalter.

22. September

Portomarín – Melide

Jetzt rächt sich, dass ich in den vergangenen Tagen geschwächelt habe. Aber immerhin, es läuft sich gut. Trotzdem kommen mir Zweifel. Vielleicht doch lieber ein Stück fahren? Der innere Schweinehund oder die Vernunft, wie man will, siegt. Ich fahre bis Hospital da Cruz, dann schultere ich meinen Rucksack. Es sind noch immer etwa 30 Kilometer zu laufen. Das dürfte ja reichen. Es ist angenehmes Wanderwetter, nicht zu heiß. Ich laufe von Dorf zu Dorf. Viel Betrieb ist unterwegs, vor allem Schulkinder sehe und höre ich. Das sind wahrscheinlich die spanischen »Projekttage«. Reizvolle Kirchen liegen am Weg. In Palas de Rei gönne ich mir eine Pause. Vom Königspalast ist nur noch der Ortsname geblieben. Dafür erlebe ich in San Xiao do Camiño wieder einen der verträumten Orte mit kleiner romanischer Kirche, in der ich Kerzen anzünde und mir Zeit lasse. Mehrere *Hórreos*, wie die Vorratshäuser auf Stelzen heißen, säumen die Straße. Ein eifrig fotografierender Italiener erklärt mir, dass diese Bauweise die Vorräte vor Ratten und Mäusen schützt.

Ein alter *Cruceiro*, ein Steinkreuz, vervollständigt das Ensemble.

Es ist ein malerischer Weg, dem ich folge, mit Resten einer Mühle, einem alten Waschplatz, Bächen und Wäldchen.

Ich treffe mehrmals unterwegs ein amerikanisches Ehepaar, Donna und Ron. Sie betrachten ehrfürchtig meinen Rucksack. Sie selbst haben nur eine leichte Tasche. Sie erzählen mir, dass sie nur eine Woche unterwegs sind mit einer Reisegruppe, im Hotel schlafen und mit dem Bus an geeignete

Ausgangspunkte für eine Tour gebracht werden. Später werden sie wieder eingesammelt und ins Hotel gebracht. Sie fragen mich, wie lange ich schon mit diesem Monster von Rucksack laufen würde und bekommen große Augen, als ich ihnen meine Tour ab Saint-Jean-Pied-de-Port mit meinem Enkel schildere. Ein Foto ist fällig, zu ihrem Bedauern ohne den Enkel, den sie aber unbedingt noch kennenlernen wollen.

Kurz vor Melide geht es noch einmal durch einen schönen alten Ort. Dann ist erst einmal Schluss mit den netten Orten und Wegen. Melide entpuppt sich als ziemlich trister Ort. Ich hatte mir ein Hostel ausgesucht, finde es auch, es war aber ausgebucht. Mein ausgepowerter Anblick kann keinen rühren. Wenigstens werde ich zu einer Herberge in der Nähe geschickt, die völlig neu ist und offenbar noch in keinem Pilgerführer aufgeführt wird. Ich bin bei Ankunft der einzige Gast. Später kommt noch ein bayerisches Ehepaar hinzu. Es ist schon fast zum Gruseln.

Ich brauche etwas zu essen, gehe ins Zentrum und setze mich neben der Straße in ein Restaurant. Kaum sitze ich, kommen zwei attraktive junge Männer vorbei. Einer davon ist mir gut bekannt – es ist natürlich Julius. Die zwei haben unterwegs ein Mini-Zelt gefunden, das offensichtlich der vorige Besitzer abgelegt hat, als er es nicht mehr brauchte. So läuft es hier. In jeder Herberge gibt es eine Kiste mit zurückgelassenen Sachen. Und wer etwas braucht, sieht nach, ob das Passende da ist.

Julius und Merino, ein Schweizer, der seinen Pilgerweg bereits in Frankreich begonnen hat und uns schon ein paar Mal über den Weg gelaufen ist, wollen sich hinter Melide einen Platz zum Zelten suchen. Na dann, viel Vergnügen. Ich persönlich hasse zelten. Wir verabreden noch, wo wir uns vor Santiago treffen wollen.

Mein aus-
gepowerter
Anblick kann
keinen rühren.

6

Eine Umarmung für den Apostel

Ankunft mit »heute-show« und Calimochos

23. September

30 km 🚩

Melide – Salceda (über Arcua)

Meine beiden Mitpilger in dem riesigen Schlafsaal schnarchen nicht. Es gibt also auch ruhige Nächte in Pilgerherbergen. Ich bin verblüfft, als sie aus ihrem Rucksack einen Fön hervorzaubern und mir zur Mitbenutzung anbieten. Es ist ohnehin erstaunlich, was sich in manchen Rucksäcken verbirgt. Vom Kosmetikkoffer bis zum Morgenmantel für die Gänge zur Toilette in den Herbergen habe ich schon alles gesehen.

Ich gehe um 8 Uhr los, will möglichst weit kommen. Kurz hinter Melide taucht Julius aus dem Wald auf. Die Nacht zu zweit in dem kleinen niedrigen Zelt war wohl auch nicht viel besser als eine Pilgerherberge mit Schnarchern.

Wir treffen uns später wieder beim Frühstück in einer »deutschen« Bar. Der Geruch von Spiegeleiern mit Schinken war zu verlockend, ich musste einfach hinein. Julius ging es

nicht anders. Nun frühstücken wir gemeinsam und dann:
buen camino.

Der Weg läuft sich gut, es geht durch Eucalyptuswälder,
durch freundliche Dörfer.

Bei einer Rast entdecke ich einen regionalen Kuchen, die
Tarte Santiago. Sie wird aus Mandeln, Butter, Eiern und Zu-
cker zubereitet und schmeckt einfach köstlich. Ich gönne sie
mir ab sofort bei jeder Pause, die noch kommt, ohne Gewis-
sensbisse, schließlich laufe ich ja genug. Ich treffe Donna und
Ron wieder, die enttäuscht sind, Julius immer noch nicht zu
Gesicht zu bekommen. »He is a ghost«, meinen sie. Donna
erzählt, dass sie das Foto von meinem Rucksack und mir, dazu
die Story der Großmutter mit dem Enkel auf dem Jakobsweg,
auf ihre Facebook-Seite gestellt habe. Noch nie habe sie so viele Klicks bekommen. Wahrscheinlich halten mich ihre Face-
book-Freunde für verrückt, halt eine typische Deutsche.

Der Weg läuft sich gut.

Kaum sind sie weiter gezogen, taucht Julius auf. Er sucht einen Platz zum Zelten, hat sich aber entschieden, das Zelt, das nach meiner Meinung schon für einen ausgewachsenen Menschen zu klein ist, nicht unbedingt noch einmal mit einer zweiten Person zu teilen. Wir verabreden, uns morgen in Lavacolla zu treffen.

Ich will noch bis Salceda weiter. Immer wieder laufe ich durch alte Bauerndörfer mit den dekorativen *Hórreos* und Steinkreuzen.

Es sind nicht mehr so viel Gruppen unterwegs, stelle ich fest. Jedenfalls bekomme ich in der Herberge ein Vierbettzimmer und hoffe, dass ich die alleinige Nutzerin sein werde.

Der Herbergsvater kümmert sich um meine Wäsche. An seine Waschmaschine und den Trockner lässt er niemanden heran, nicht einmal eine so gestandene Hausfrau wie mich. Soll mir recht sein.

Ich gehe später zum Essen ins Restaurant und treffe dort – nicht Song, aber Franzi und Alisia, die die letzten Tage zusammen unterwegs waren. Alisia, eine Studentin, ist erst in Astorga eingestiegen. Die beiden erzählen beim Essen, dass sie morgen bis zum Monte do Gozo laufen wollen, um dort in einem großen Camp den letzten Abend vor dem Einzug in Santiago zu feiern. Franzi versucht, mir diesen Plan schmackhaft zu machen. Meine Begeisterung hält sich in Grenzen, obwohl ich auch gern mit Franzi zusammen ankommen würde. Wir sind doch eine lange Strecke gemeinsam gelaufen. Mal sehen, wie Julius drauf ist.

Zurück in meiner Albergue stelle ich fest, dass inzwischen zwei junge Brasilianer in meinem Zimmer einquartiert wurden. Die beiden, vom Typ Julius, sportlich, sind mit dem Mountainbike unterwegs und vor dem *Camino* bereits durch halb Frankreich gefahren. Sie versichern mir, dass sie sich Mühe geben werden, nicht zu schnarchen.

24. September

30 km

Salceda – Santiago de Compostela

Die letzte lange Tour. Ich marschiere gegen acht Uhr los, will allein gehen, Abschied nehmen vom *Camino*. Durch die mir nun schon vertraute hügelige Landschaft geht es auf und ab bis Amenal. Dort mache ich Pause mit einem Doppel-Stück Santiago-Torte. Julius zieht mit Franzi und Alisia an mir vorbei. Ich lasse sie ziehen, brauche noch das Alleinsein. Nicht mehr lange kann ich die Landschaft genießen, bald kommt das abgesperrte Flughafengelände, das zu umlaufen ist. Es ist nicht zu übersehen, Santiago ist nahe. Jetzt sind Straßen zu über- oder zu unterqueren. In Lavacolla habe ich mich mit Julius verabredet. Hier haben sich die mittelalterlichen Pilger am kleinen Bach gewaschen, um sauber in Santiago am Apostelgrab zu erscheinen. Das ist heutzutage dank der Duschen in den Herbergen nicht mehr nötig. Ich sitze eine ganze Weile am Bach, lese im Pilgerführer und warte auf Julius, der aber nicht kommt. Wir haben uns in den vergangenen Tagen so oft »zufällig« getroffen. Nun klappt die »Verabredung« nicht.

Der Ort samt Herberge gefällt mir nicht sonderlich. Es gibt sicher reizvollere Plätze für den letzten Abend. Ich schreibe Julius eine E-Mail, dass ich weiterlaufe und marschiere los.

Nächster Halt in Villamaior. In dem urigen Dörfchen gefällt es mir schon wesentlich besser. Es gibt sogar eine kleine

Herberge. Aber auch hier kommt kein Julius vorbei. Und keine Nachricht. Wir haben uns wohl gründlich verpasst. Traurig ziehe ich weiter nach dem Monte do Gozo. »Berg der Freude« heißt der Hügel, von dem zum ersten Mal die Türme von Santiago de Compostela, dem Ziel des Jakobsweges, zu sehen sind. Mir ist gerade nicht nach Freude. Es nieselt, es ist kalt und die Umgebung nicht gerade köstlich. Ein riesiges Betondenkmal erinnert an den Besuch von Papst Johannes Paul II. Ich organisiere mir in einem Kiosk einen heißen Kaffee, setze mich auf einen Stuhl und harre der Dinge. Irgendwann muss ja Julius vorbeikommen. Wäre er vor mir gelaufen, säße er ja statt meiner hier auf dem Stuhl.

Wir sind nur zwei Pilger mehr, von denen hier täglich viele ankommen.

Erst einmal kommen Franzi und Alisia vorbei und sind erstaunt, mich hier zu sehen. Julius würde in Lavacolla auf mich warten. Na prima, da haben wir uns ja tatsächlich gründlich verpasst. Ich warte weiter in der Hoffnung, dass Julius vielleicht die Nachricht liest. Und tatsächlich, keiner geht auf dem Jakobsweg verloren. Julius trifft bald darauf ein. Seine Laune ist nicht die beste. Na gut, Missverständnis aufgeklärt – und jetzt kann ich auch dem Monte do Gozo mehr abgewinnen.

Keiner von uns beiden hat Lust, sich jetzt, so kurz vor Santiago, noch in das Camp zu begeben, das Franzi empfohlen hat. Wir wollen endlich ankommen und laufen tapfer weiter, durch die wenig attraktiven Vororte.

Am Stadteingangsschild führen wir ein kleines Freudentänzchen auf – wir sind tatsächlich angekommen, jedenfalls in der Stadt. Diese jedoch nimmt einfach keinerlei Notiz von uns, kein Empfangskomitee, kein roter Teppich. »Wo sind die Pauken und Trompeten, die von unserem Einzug künden?«, fragt Julius. Wir sind nur zwei Pilger mehr, von denen hier täglich viele ankommen. Aber wir ankommenden Pilger und Pilgerinnen winken uns alle fröhlich zu. Ich sehe nur glückliche Gesichter – endlich da!

Die Markierung führt uns sicher weiter zum Zentrum und zu unserem Hotel, das sich direkt auf dem Pilgerweg in der Rúa das Casas Reais befindet. Allerdings sind wir einen Tag zu früh, ich habe erst eine Buchung für die nächsten Tage und im Fenster hängt ein Schild: »Keine Zimmer frei«. Wir lassen uns nicht abschrecken und Anna, der gute Geist des Hotels, hat ein nettes Mansardenstübchen für uns, sogar mit einer Badewanne. Julius, der Zeltler, benötigt sie dringend, schließlich

Rundum zufrieden

hat er schon mehrere Tage keine Dusche mehr gesehen und das riecht man.

Wir pflegen uns ausgiebig samt Wundversorgung und gehen dann essen. Bei Julius muss es unbedingt Pulpo sein. In einem netten Restaurant, in dem wir merkwürdigerweise am Sonnabend und bei Regen die einzigen Gäste sind, bekommen wir ein köstliches Pilgermenü. Julius Pulpo als Vorspeise, ich bin mehr für einen Obst-Gemüse-Salat. Gegrilltes Kalbssteak gibt es als Hauptgericht und als Nachtisch Tarte Santiago.

Rundum zufrieden gehen wir ins Hotel. Und dann setzen wir uns hin und sehen uns auf meinem iPhone die letzte »heute-show« an, haben dabei ein tierisches Vergnügen und sind schon mal auf dem Laufenden, was die Politik betrifft.

Julius hat wieder Probleme mit dem weichen Bett und nächtigt auf dem Fußboden. Ich habe mich inzwischen an seinen Tic gewöhnt.

25. September

Santiago de Compostela

Wir sind jetzt also angekommen. Ich kann es noch immer nicht ganz fassen. Seit 2001 rumort der Wunsch in mir, den Jakobsweg zu gehen – nun bin ich den Weg gegangen. Habe viel Sonne und Hitze erlebt, Regen und Nebel, überwältigende Sternenhimmel und Sonnenaufgänge. Der Weg führte über kräftezehrende Berge und durch die kahle Meseta, durch freundliche Landschaften mit alten Dörfern, durch imposante Städte und ihr hässliches Umfeld. Mal lief es sich gut und locker, mal habe ich mich gequält. Aber aufgeben wollte ich nie. Von dem *Camino* ging auch eine Kraft aus, ein Versprechen.

Wir sind den Weg gegangen, den über Hunderte von Jahren viele Pilger gegangen sind. Sie haben ihre Spuren auf vielfache Weise hinterlassen. Viele Orte, durch die wir gekommen sind, verdanken ihre Existenz der Tatsache, dass die Pilger versorgt werden mussten, eine Unterkunft brauchten, Verpflegung und auch Hospitäler im Krankheitsfall. Und das gilt heute noch mehr.

Imposante Kathedralen und schlichte Steinkirchen, Klöster, Kapellen, Steinkreuze zeigen den Weg, den die Pilger gegangen sind. Wir haben mit Menschen gesprochen, die auch auf diesem Weg unterwegs waren, sind mit ihnen manchmal ein Stück des Weges gegangen. Einige haben ihre Geschichte erzählt.

Ich habe einige Wochen gelebt, als gäbe es außer diesem Weg nichts weiter. Es hat mir gut getan. Ich habe mich meinen Schmerzen und meiner Trauer gestellt – und auch das war gut für mich.

Jetzt sitze ich hier im Hotel beim Frühstück mit Julius. Wir wollen los, um uns im Pilgerbüro unsere Zertifikate abzuholen und anschließend zur Pilgermesse in die Kathedrale. Während wir noch frühstücken, ziehen Franzi und Alisia vorbei. Wir werden uns im Pilgerbüro treffen und dann doch noch unser Ankommen gemeinsam feiern.

Anna meint, wir müssen mit einer Schlange wartender Pilger rechnen. Nun gut, das schreckt uns nicht. Wir gehen los, gehen erst einmal auf die Praza do Obradoiro, den Platz mit dem Blick auf die beeindruckende barocke Fassade der Kathedrale.

Ich schicke Bilder nach Hause: »Wir sind da!«

»Wir sind da!«

Der feine galicische Nebel, wie wir ihn schon häufig erlebt haben, lässt die Kathedrale unwirklich erscheinen.

Vor dem Pilgerbüro gibt es die vorhergesagte Schlange. Eine hochnotpeinliche Befragung gibt es nicht, die Inquisition ist ja auch schon eine Weile vorbei. Das Vorzeigen unseres Pilgerausweises mit den vielen Stempeln ist ausreichend. Wir bekommen eine beeindruckende Urkunde, die Compostela, verfasst in lateinischer Sprache. Auch mein Name ist latinisiert. Das hätte meinen Schwiegervater, ein Altphilologe, der mein Lateinlehrer war, gefreut. Wahrscheinlich hätte ich ihm erst einmal die Urkunde übersetzen müssen. Er hat mich, solange er lebte, lateinische Sprüche übersetzen lassen. An diesem Text wäre ich sicher gescheitert. Er ist schon in der deutschen Übersetzung schwer verständlich:

»Das Kapitel dieser segenspendenden Apostel- und Metropolitankirche von Compostela, Hüter des Siegels des Altares des seligen Apostels Jakobus, macht entsprechend seiner Absicht, allen Gläubigen und Pilgern, die aus der ganzen Welt aus frommer Neigung oder zur Erfüllung eines Gelübdes an der Schwelle unseres Apostels, des Patrons und Schutzherren der spanischen Lande, des heiligen Jakobus, zusammenkommen, eine gültige Urkunde zur Bestätigung ihres Besuches auszustellen, hiermit allen und jeden, die in die vorliegende Urkunde Einblick nehmen werden, bekannt, dass Frau Christine Bergmann dieses hochehrwürdige Gotteshaus aus Frömmigkeit ehrerbietig besucht hat. Zur Beglaubigung dessen überreiche ich ihr diese vorliegende Urkunde, versehen mit dem Siegel der genannten heiligen Kirche.

Ausgestellt in Compostela den 25. Tag des Monats September im Jahr des Herrn 2016.«

Der Pilgerpass

Diese Urkunde ist schlicht und einfach eine Bestätigung, dass ich auf dem Pilgerweg war und kein Ablassbrief, für den die mittelalterlichen Pilger und Pilgerinnen die Strapazen und Gefahren auf sich genommen haben. Den Ablass gibt es aber noch. Der vollkommene Ablass, das heißt der Nachlass aller zeitlichen Sündenstrafen, wird im Heiligen Compostelanischen Jahr gewährt. Man muss dafür nicht gepilgert sein. Voraussetzung ist das Empfangen der Beicht- und Bußsakramente. Ich muss mich als evangelische Christin nicht grämen, dass ich hier ausgeschlossen bin, habe ich doch meinen Luther ganz gut verstanden. Das Heilige Compostelanische Jahr wird begangen, wenn der Festtag des Heiligen Jakobus, der 25. Juli, auf einen Sonntag fällt. Das nächste Heilige Jahr wird 2021 sein.

Und noch eine zweite Urkunde bekomme ich ausgestellt, auf Spanisch, die bestätigt, dass ich den Jakobsweg von Saint-Jean-Pied-de-Port gelaufen bin, 775 Kilometer, und am 24. September 2016 in Santiago de Compostela angekommen bin. Bei den Kilometern muss ich ein paar abziehen, aber es bleiben noch genug übrig.

Um 12 Uhr beginnt die große Pilgermesse. Donna und Ron haben mir unterwegs berichtet, dass ihre Reisegruppe dafür gesorgt hat, dass der Botafumeiro, der große Weihrauchkessel, in der Messe geschwenkt wird. Das ist das Ereignis, auf das vor allem die Touristen, aber auch die Pilgerinnen und Pilger warten. Dieses etwa 1,60 Meter hohe und 60 Kilo schwere Weihrauchfass wird von acht Männern an einem 35 Meter langen Seil hängend durch das Querschiff geschwenkt.

Dies aber nur bei der Messe Freitagabend und an hohen Feiertagen. Wenn allerdings eine Pilgergruppe für die Kosten aufkommt, dann auch bei anderen Messen. Heute hat die amerikanische Gruppe bezahlt.

Wir sind zeitig da, die Kathedrale wird extrem voll werden. Wir treffen Donna und Ron, die glücklich sind, endlich auch Julius »the ghost« kennenzulernen. Es gelingt uns, Sitzplätze zu erhalten, allerdings ohne Sicht auf den Altarraum. Die Messe wird, wie immer, auf Spanisch gehalten, heute am Sonntag von hohen Würdenträgern. Ich bekomme mit, dass die Pilger aus verschiedenen Ländern pauschal begrüßt werden. Die Predigt auf Spanisch kann ich nicht verstehen, die Liturgie wird äußerst schön von einer Nonne gesungen. Das ist dann auch die einzige weibliche Beteiligung. Es gibt keinen Liedvers, den ich mitsingen kann, und von der Kommunion bin ich Protestantin ohnehin ausgeschlossen. Als dann der Botafumeiro geschwenkt wird, werden rechts und links die

Handys gezückt, es wird reichlich fotografiert. Was ist das? Ich fühle mich als Zuschauerin, nicht als Teil einer Gemeinde, und bin irgendwie enttäuscht.

Die Besichtigung verschieben wir auf später, noch sind zu viel Menschen in der Kathedrale.

Es ist der Weg, der zählt, begreife ich. Nicht das Ankommen.

Mit Franzi und Alisia sitzen wir am Nachmittag zusammen und fühlen uns alle irgendwie leer. Alles in uns »läuft noch«. Jetzt haben wir erst einmal kein Ziel. Wir müssen umschalten. Das gilt auch für Julius und Franzi, die ja noch weiterlaufen wollen nach Fisterra. Das eigentliche Ziel des Jakobsweges ist offiziell in Santiago erreicht.

Dazu fehlt uns aber noch ein Schritt. Die Pilgerreise ist erst dann zu Ende, wenn wir das silberne Bildnis des Apostels, das wir über eine Treppe hinter dem Altar erreichen, umarmt haben. In der Krypta unter dem Altar sind die Überreste des Apostels und seiner Gefährten in einem silbernen Schrein ausgestellt. Ich gebe mir Mühe, jetzt nicht an Luther zu denken und

Anfangs waren es überwiegend hohe Geistliche, Angehörige des Hochadels und Ritter, die zum Apostelgrab pilgerten. Zwischen dem 11. und 16. Jahrhundert erhöhte sich die Zahl der Pilger und wurde zur Massenbewegung.

Ab dem 12. Jahrhundert kann man auch schon Kulturtourismus auf dem Pilgerweg finden. Die zahlreichen Pilger sicherten den Städten gute Einnahmen. Mit dem Beginn des 16. Jahrhunderts nahm die Pilgerzahl ständig ab. Um die Mitte des 19. Jahrhunderts war Santiago nur noch ein regionales Pilgerziel. Das änderte sich, als 1876 bei Ausgrabungen in der Kathedrale die seit 1589 verschollenen Gebeine des Apostels wiedergefunden wurden. Die Bestätigung für die Echtheit erteilte Papst Leo XII. 1884 in einer Bulle.

seine drastisch ausgesprochenen Zweifel an der Echtheit der Gebeine.

Den Abend verbringen Julius und ich in einem netten Pulpario, einer Gaststätte, die Pulpo in allen möglichen Zubereitungen anbietet. Sehr urig, sehr gemütlich. Zu meinem Glück gibt es auch noch andere Speisen.

Wir lassen noch einmal den Pilgerweg an uns vorüberziehen.

Julius hat schon den Rucksack gepackt.

26. September

Santiago de Compostela

Julius läuft gegen 10 Uhr los. Die Ruhepause ist ihm schon zu lang – ein ganzer Tag. Er will zelten und geht den Galicischen Jakobsweg.

Wir trennen uns jetzt richtig. Er wird auch einen späteren Flug nach Berlin nehmen. *Buen camino, lieber Julius*, und danke, es war schön mit dir!

Ich bummele vor mich hin, ohne Wanderstiefel. An der Kathedrale besteige ich das Touristenbähnchen. Die Rundfahrt verschafft mir einen guten Überblick über die Parks, die Vielzahl an Klöstern und Kirchen. Wir kommen am Universitätsgelände vorbei und an dem interessanten, noch im Bau befindlichen Kulturkomplex des amerikanischen Architekten Eisenmann, des Architekten, der das Holocoust-Denkmal in Berlin entworfen hat. Das Wetter ist mittelprächtig, recht kühl.

Ich habe jetzt viel Zeit für eine Besichtigung der Kathedrale. Hinter der barocken Fassade, der erste Anblick, den die Pilger bei der Ankunft erleben, verbirgt sich eine romanische Fassade, der überwältigende Pórtico de la Gloria, mit seinem Reichtum an Figuren des Meisters Mateo wohl eines der bedeutendsten Kunstwerke der Romanik. Am Mittelpfeiler findet sich an der Säulenbasis eine Darstellung der Wurzel Jesse. Der alte Brauch, sie zu berühren, ist jetzt verboten. Millionen Pilgerhände haben zu Schäden geführt. Das Kirchenschiff wird von dem barocken Hochaltar dominiert. Den Mittelpunkt des Hochaltars stellt der Heilige Jakobus dar. Darüber sieht man den Apostel einmal als Pilger und ein zweites Mal martialisch den Säbel schwingend als Matamoros, als Maurentöter. Hier sehe ich wieder die schwer in Einklang zu bringenden zwei Seiten des Apostels, die mich schon in Logroño irritiert haben. Unter der Apostelfigur befindet sich die Krypta mit dem Sarkophag der Gebeine des Apostels. Über eine kleine Treppe gelangt man zur Rückseite der Apostelfigur. Wir haben bereits gestern diesen Gang gemacht, der das Ende der Pilgerreise markiert.

Der Innenraum mit seiner romanischen Struktur ist einfach großartig. Und trotz ihrer Größe erdrückt diese Kathedrale die Menschen nicht. Sie ist weit und licht, einfach perfekte Harmonie, die sich auf die Menschen überträgt.

Die heutige Kathedrale, der dritte Bau über dem Grab des Apostels, wurde noch vor 1077 begonnen.

Im Kreuzgang und einigen Nebenräumen ist das Kathedralmuseum untergebracht. Mich interessieren besonders die Funde aus den Grabungen um die Kathedrale – und ich will natürlich den Blick von der Galerie auf die Praza do Obradoiro genießen. Es nieselt ausnahmsweise nicht, und ich habe wirklich einen wunderbaren Blick auf die Stadt, die auf einem 400 Meter hohen Hügel liegt, 30 Kilometer vom Meer entfernt.

Santiago de Compostela entstand um das Grab des Apostels Jakobus herum. Von »Campus stella«, Sternenfeld, leitet sich wahrscheinlich der Name ab, in Anlehnung an die Legende von der Auffindung der Gebeine des Jakobus. Wie so häufig gibt es auch hier eine weitere Deutung des Namens. Einige Historiker meinen, dass der Name vom lateinischen *ad compostum*, »beim Friedhof«, herrührt, da Santiago de Compostela auf einem alten Gräberfeld errichtet wurde. Santiago war das mittelalterliche Fern- und Pilgerziel schlechthin. Um die Kathedrale herum entstanden Kirchen und Klöster und auch als der Pilgerstrom nachließ, verlor die Stadt nicht ihre Bedeutung als kulturelles Zentrum. Zwischen all den imposanten Bauwerken finden sich auch kleine gemütliche Cafés und Restaurants. Ich kann den Tag genüsslich ausklingen lassen.

27. September

Tour nach Fisterra und Muxía

Ich will unbedingt ans »Ende der Welt«, *finis terrae*, also an den Atlantik nach Fisterra. Meine Wanderstiefel habe ich ausgezogen. Genug gelaufen, also buche ich eine Busfahrt und fahre durch die wunderbare grüne galicische Landschaft mit den kleinen Dörfern und Weilern, später an der Küste entlang zum Ort Fisterra. Ab und an ist ein einsamer Pilger zu sehen. Es gibt mir jedes Mal einen Stich: Warum bin ich nicht mit Julius weitergelaufen? Ein Blick auf meine reichlich bepflas-

terten Füße bringt mich schnell wieder auf den Boden der Tat-
sachen. Es fällt eben doch schwer, sich selbst einzugestehen,
dass dem Wollen Grenzen gesetzt sind.

Ein wunderbarer
Blick vom Hafen

Aber Grämen ist nicht angesagt, dafür bietet die Tour zu schöne Erlebnisse. Ein wunderbarer Blick vom Hafen auf den Ort,
der sich den Berg hinaufzieht. Danach zum Kap Finisterre.
Hier sind wir wirklich am Ende der Welt. Weiter geht es nicht.
Schroffe steile Felsen, eine unheimliche, starke Brandung und
Nebelschwaden ziehen an den Felsen dieser Landspitze entlang, es ist ein magischer Ort.

Der Bus fährt weiter nach Muxía. Ziel ist die Wallfahrtskir-
che A Virxe da Barca, »Unsere liebe Frau vom Boot«, die auf
den Granitplatten der Landspitze steht und über die Fischer
und Schiffer an dieser gefährlichen Küste wacht. An dieser
Stelle soll der Legende nach die Muttergottes in einem steiner-
nen Kahn dem Jakobus erschienen sein, als ihn bei seiner Mis-

sionierung der Mut verlassen wollte. Die schlichte Steinkirche erlitt Weihnachten 2013 schwere Schäden bei einem Brand, wurde jedoch wieder restauriert. Den Felsbrocken auf dem Riff vor der Kirche wurden bereits in vorchristlichen Zeiten magische Kräfte zugeschrieben. Um die heiligen Steine ranken sich viele Legenden. Der immer dichter werdende Nebel trägt zur mystischen Stimmung bei.

Wo mag wohl inzwischen Julius stecken?

28. September

Santiago de Compostela

Es ist der letzte Tag vor dem Rückflug. Jetzt heißt es wirklich: Abschied nehmen vom langen Pilgerweg. Ich bummele durch die Altstadt mit den wunderbaren Straßen und Plätzen, besorge ein paar Mitbringsel und gehe noch einmal in die Kathedrale zur Pilgermesse.

Zu Beginn spricht ein Vertreter der Deutschen Pilgergesellschaft ein Grußwort. Die Fürbitten um den Frieden werden auf Deutsch gesprochen. Und als »Großer Gott, wir loben Dich« angestimmt wird und ich mich endlich in einer großen Gemeinde fühlen kann, bin ich angekommen am Ziel des Pilgerweges!

Fünf Wochen war ich unterwegs, viel mit Julius, ein Teil der Strecke mit Franzi und Jasmin, die mir ans Herz gewachsen sind. Auch mit anderen Pilgerinnen und Pilgern – die letzte Strecke allein. So unterschiedlich wie die Landschaften, durch die ich gelaufen bin, so unterschiedlich waren auch die Menschen, denen ich begegnet bin. Von manchen habe ich erfahren, dass sie mit der Erwartung nach einer spirituellen Erfahrung auf den Weg gegangen sind, nicht unbedingt im religiösen Sinne, aber das auch.

Der Weg ist mühsam, der Weg ist lang. Er kostet Kraft – und eben auch Zehennägel. Der Weg muss gegangen werden, Schritt für Schritt. Und mit jedem Schritt rückt der Alltag mit seinen ständigen Anforderungen weiter weg, gelingt Loslassen. Die Füße laufen, der Kopf wird frei – und die Seele weiter.

Ich fühle mich so leicht wie sehr lange nicht mehr.

Es ist ein gutes Gefühl, angekommen zu sein, den Weg geschafft zu haben – nicht nur die gelaufenen Kilometer, auch den Weg zu mir selbst. Er ist nicht zu Ende: Er öffnet den Blick auf weitere Wege, die gegangen werden wollen.

Am Abend noch einen letzten *Calimocho* und dann – *adiós*!

Es ist ein gutes Gefühl, angekommen zu sein.

»Haben Sie denn nichts Besseres zu tun?«
Epilog

Als ich mich im August 2016 auf den Spanischen Jakobsweg begab, hatte ich nicht die Absicht, darüber ein Buch zu schreiben. Ich hatte keine Ahnung, was mich erwarten würde, was ich erleben würde. Ich führte ein kleines Tagebuch, um auch später noch rekapitulieren zu können, wie wir, Julius und ich, die einzelnen Etappen gegangen waren.

Wieder daheim, war die Neugier auf unsere Erlebnisse groß. Also machte ich eine kleine Präsentation, um in aller Kürze ein paar Bilder zeigen zu können und zu berichten, wie es uns so ergangen war.

Und dann kam Elke und sagte: »Lass uns doch ein Buch machen!« Ich war eher skeptisch, ob sich denn neben den vielen Pilgerbüchern, die es schon gibt, jemand für meinen Jakobsweg interessieren würde. Aber je länger ich darüber nachdachte, desto mehr bekam ich Lust darauf, beim Schreiben den Weg noch einmal zu laufen.

Und ich bin ihn tatsächlich noch einmal gegangen, ohne

Rucksack und ohne Blasen an den Füßen. Aber die Erinnerungen sind so lebendig, das Gefühl des Laufens, als gäbe es sonst nichts, ist wieder da.

Die Zehennägel sind nachgewachsen, kann ich allen berichten, die immer wieder besorgt nachfragen.

»Haben Sie denn nichts Besseres zu tun?«, fragte die Krankenschwester in der Charité, als der berüchtigte Nagel des großen Zehs entfernt wurde. Nein, ich hatte wirklich nichts Besseres zu tun.

Danke!

Danken möchte ich einigen Menschen, ohne die dieses Pilgerbüchlein nicht zustandegekommen wäre.

Elke Rutzenhöfer hatte die Idee eines Pilgerbuches. Und von ihr kamen auch die Vorschläge, in welcher Form es gestaltet werden kann. Und die Ermunterung.

Die Umsetzung erfolgte von Constanze Grimm von der Redaktion und Thomas Puschmann, dem Grafikdesigner, mit viel Sensibilität und Engagement. Als wären sie selbst unterwegs gewesen.

Julius und Corinna, meine Tochter, sowie meine Freundin Friederike von Kirchbach haben das Entstehen begleitet. Julius hat manche Erinnerung aufgefrischt und Corinna hat mit interessiertem kritischen Blick ihre Mutter bei der Stange gehalten.

Und natürlich ist auch allen zu danken, die ich unterwegs getroffen und die dazu beigetragen haben, dass dieser Weg zu einem unvergesslichen Erlebnis geworden ist.